钱铁民 著

缥缈孤鸿影
阿炳研究文集

苏州大学出版社
Soochow University Press

图书在版编目(CIP)数据

缥缈孤鸿影：阿炳研究文集／钱铁民著． —苏州：苏州大学出版社，2020.1（2023.12重印）
ISBN 978-7-5672-3090-3

Ⅰ．①缥… Ⅱ．①钱… Ⅲ．①华彦钧（1893－1950）－人物研究－文集 Ⅳ．①K825.76-53

中国版本图书馆 CIP 数据核字（2020）第 000050 号

书　　名：缥缈孤鸿影——阿炳研究文集
Piaomiao Guhong Ying—Abing Yanjiu Wenji
著　　者：钱铁民
责任编辑：周凯婷
装帧设计：吴　钰
出版发行：苏州大学出版社（Soochow University Press）
出 品 人：盛惠良
社　　址：苏州市十梓街1号　邮编：215006
印　　装：广东虎彩云印刷有限公司
网　　址：www.sudapress.com
邮　　箱：sdcbs@suda.edu.cn
邮购热线：0512-67480030
销售热线：0512-67481020
开　　本：700 mm×1 000 mm　1/16　印张：11.75　字数：176千
版　　次：2020年1月第1版
印　　次：2023年12月第2次印刷
书　　号：ISBN 978-7-5672-3090-3
定　　价：58.00元

凡购本社图书发现印装错误，请与本社联系调换。服务热线：0512-67481020

钱铁民艺术简历

钱铁民，1944 年 11 月出生于江苏无锡市，研究馆员，中国音乐家协会会员，中国民族管弦乐学会常务理事，无锡民族管弦乐学会会长。1960 年以琵琶专业考入南京艺术学院附中，同年参军进中国人民解放军火线文工团，历任琵琶演奏员、乐队指挥，1970 年转业至无锡市金山煤矿当工人，1975 年调入无锡市群众艺术馆任副馆长。1983—1985 年考入南京艺术学院，师从高厚永教授学习民族音乐理论，1989 年出任无锡市文化交流小组组长出访日本，他自己创作并独奏的琵琶曲《报喜》和创作的歌曲《采茉莉》受到广泛好评，日本关西电台做了专题直播采访。1992 年后被聘为中国首届民族器乐节无锡分区艺委会主任，无锡市太湖博览会"丝云竹海"千人二胡演奏总指挥，大型合唱音乐会总导演等。多次接受中央电视台、上海电视台、江苏省电视台等多家媒体的邀请和采访，并参与拍摄有关阿炳节目的工作。1995—1998 年被聘为香港中文大学"中国大陆、香港、台湾主要道教宫观传统仪式音乐的地域性及跨地域性比较研究"研究员，2003—2013 年被聘为江南大学文科督导兼任艺术学院专家督导组组长，数次出席在香港等地举行的中国传统仪式音乐国际学术研讨会，应邀参加中国民族音乐家代表团访问台湾等。

作为音乐理论家，钱铁民长期从事民族民间文艺集成志书的编纂工作，1988年获文化部、国家民委和全国艺术科学领导小组颁发的"文艺集成志书编纂"纪念证书。在大陆和台湾、香港等学术刊物发表论文50余篇，如《关于缩短琵琶弦间距并改为五弦的初步设想》（《乐器科技》，1979）、《李芳园的琵琶艺术》（《音乐研究》，1986）、《阿炳与道教》（《中国音乐学》，1994）、《无锡道教斋醮科仪中之器乐艺术解析》（《民俗曲艺》，1998）、《关于阿炳（上下）》（台湾《北市国乐》，2003）、《江苏无锡宣卷仪式音乐研究》（《中国民间仪式音乐研究》华东卷，2007）等。专著有《无锡道教科仪音乐研究》（上、下册，1999年香港研究资助局和蒋经国国际学术交流基金会出资，台湾新文丰出版公司出版，2017年北京文化艺术出版社再版）、《无锡民乐》（合编，2009年凤凰出版社）、《吴歌情韵——无锡地区民间歌曲集》（主编，2013年江苏人民出版社）、《锡剧经典唱段101首》（合编，2014年苏州大学出版社）、《中国民间宝卷文献集成江苏无锡卷》（主编，2014年商务印书馆）等五部。

作为作曲家，钱铁民多年从事音乐创作，他的音乐作品多次在国家级、华东六省一市、省级等专业比赛中荣获大奖，如歌曲《我们的朋友》获文化部国家级政府奖第三届"群星奖"银奖，男声表演唱《耷嘴里珍珠喷满场》、女声表演唱《大运河之夜》分别在中央电视台举办的第一、第二届"全国表演唱大赛"中连获两次一等奖，童声合唱《闹元宵》在教育部举办的全国少儿歌曲比赛中获金奖，并在中央电视台元宵晚会中表演，女声独唱《江南女子》获华东地区民歌大赛创作一等奖，歌曲《中国我心中的歌》与合唱曲《百年梦园》等在江苏省创作歌曲大赛中分别荣获金奖和一等奖。他创作的器乐作品如弹拨乐重奏《龙船》获江苏省民歌、民舞、民乐比赛金奖，民乐小合奏《双推磨》在中国第六届艺术节中获奖，五弦琵琶独奏曲《怀念与激励》发表于南艺学报《艺苑》1984年第2期，音乐专题《吴歌与阿福》（合作）获中国广播电视学会组织评选的国家级政府奖"彩虹奖"金奖。

2017年，钱铁民荣获中国民族管弦乐学会颁发的"民乐艺术终身成就奖"。

Preface 自序

近年来我多次参加有关民族音乐创作、民族乐器演奏、流派研讨等方面的会议，时而会遇到一些朋友或资深老专家，谈及阿炳时大家对当前社会上，或者网络上所传播的种种说法表示不解。他们知道我是无锡人，也知道我先前曾经发表过几篇专写阿炳的文章，所以希望我能再写点东西，把有些事情讲讲清楚。为此，前段时间我仔细回想，把自己这数十年来亲身经历的与阿炳有关的事写了一篇《我所亲历的有关阿炳的十件事》，想不到简述了数件事已经有两万多字的篇幅。我窃想，目前的情况下，大概不会有哪家刊物能采用这篇文章的。又觉得自己已是年逾古稀之老人了，而且我多年来接触与采访过的不少与阿炳有过直接交往的民乐专家、无锡的老音乐工作者和道士等，如今大都已经作古了，倘若我再不把自己过去收集到的第一手资料整理出来，那么对后人进一步了解和研究阿炳是不负责的。此外，对于那些把阿炳说得头头是道，活灵活现，甚至臆造他是上吊自杀身亡的等种种传闻也应该说是一种纠正。

先前我发表在《中国音乐学》《北市国乐》等不同的刊物上有6篇

关于阿炳的文章①，趁此机会，我把它们合起来编成一本小册子。这些文章里的有些说法现在看来是有误的，例如关于阿炳二胡琵琶曲的录音时间，究竟是连续两天晚上录的，还是事隔数天？当时我是参考了黎松寿先生提供的资料，后来发现不对。

为此，我深感对于阿炳的了解和研究需要一个相当长的过程，在此过程中，我自己在不断采集、不断求证、不断明辨、不断思考、不断分析，从而得到不断的提高。当然，现在我也不能说自己对阿炳有多么深的了解，但是我总觉得能够有机会接触与阿炳有过直接交往，且曾经一起共事或生活过的人群，应该在把握事实的可靠性方面会强些。而对于自己已经发表过的文章中所出现的个别误处，因为我在其后的文章中都做了更正或者说明，所以这次汇编我没有修改一个字。

我手头还有一些珍贵的资料，如阿炳去世前20多天，他所缴纳的雷尊殿地税收据，1924年阿炳的父亲华清和与火神殿当家顾秋庭签名的《拨付依据》翻拍照片，以及一般不为人知的阿炳常常弹奏的火神殿道乐客师尤墨坪传下来的红木小三弦等（此件经由尤墨坪之子尤武忠道长捐给无锡道教音乐馆），趁此机会也希望展示出来。

我在拙著《阿炳与道教》一文中指出："阿炳从道终身，道教文化在他一生的艺术活动中无疑占据十分重要的位置，道教音乐犹如肥沃的土壤，犹如乳汁一般滋润着他，哺育着他，并奠定了他艺术创造的深厚

---

① 本文集中的6篇文章写于不同的年代，根据不同的要求，发表于不同的刊物。为此，在介绍阿炳诸如从道学艺、生平赐名、《二泉映月》定名等方面时有重复，敬请谅解。现将6篇文章的发表时间，发表的刊物分列于下：

《阿炳与道教》（《阿炳的艺术渊源》），《中国音乐学》，1994年第4期，第51页。

《关于阿炳（上下）》，《北市国乐》，2003年第191、192期，第12、18页。

《阿炳其人其事》，《无锡民乐》，2009年，凤凰出版社，第117页。

《阿炳故居演绎》，《音乐生活报》，1994年3月4日第一版面。

《阿炳音乐采录问世之相关背景》，《道教音乐传人——民间音乐家华彦钧》，无锡市民族宗教事业局、无锡市史志办公室、无锡锡惠公园管理处等编，《无锡史志》编辑部出版，2006年，第228页。

《阿炳三述》，《阿炳艺术论坛论文汇编》（会议论文），中国民族管弦乐学会阿炳艺术委员会汇编，2009年，第61页。

传统修养和技术基础，使阿炳自幼对民族民间音乐怀有极为深沉的爱。"

我非常有幸能够在民间器乐集成工作中，与这些曾经与阿炳朝夕相处的无锡正一派道长交往，并在交往中时常向他们了解阿炳的情况（包括他们对阿炳的看法）。我还会不由自主地想到阿炳，想到他不是和这些"先生"①一样诵经拜忏，击鼓奏乐吗？锡派道士内心所展现出来的对"道"之虔诚和平时为人之善良、之勤奋质朴、之多才多艺，我深有体会。他们自幼从道，1949年后纷纷改行求生，其间荒疏了数十年，晚年能够得到文化部门的重视，让他们重操旧艺，做抢救性的录音录像为他们立传，他们万分珍惜。身患严重高血压病的王士贤道长为了回忆梵音套曲，连续四天晚上不睡觉，一音一板地抄写工尺曲谱；南鼓王朱勤甫的二儿子朱寿庆道长在老无锡人民广播电台录音室道教音乐集成录音时，录到凌晨两点，实在累得不行了仍然不肯休息，席地躺在地板上稍事歇息又鼓劲吹奏招军；许鹤昆道长把"文革"时藏在地下的《梵音斗科》和《钧天妙乐》手抄本捐了出来；赵锡钧道长文化程度较高，书写经赞疏文等无人可及，他自幼学有一手道家"飞钹"的绝技，在苏南道教界名声显赫，参加集成录像时年过七旬的他，一招一式地刻苦练习，全然不顾抛上抛下飞旋的铜钹碰伤手臂腰腿；伍一鸣道长曾是水濂道院的当家，他在患食道癌晚期化疗期间一心参加道乐演奏（司三弦），还自编梵音唱本，并与王士贤道长一起恢复水濂道院的拿手套曲《云中腾飞》。让我感动不已的是，为了表彰他们为道乐集成所做出的贡献，文化馆为每一位参加者颁发了一张加玻璃框面的奖状。伍先生尽管身体已经很虚弱，然而他精神特别振奋，拉着我的手连连对我说："很重要、很重要，很高兴啊！我是一定要来的，谢谢你们给我留下了我一生的积累！"伍一鸣道长领取奖状三天后就仙逝了。

2007年，阿炳纪念馆落成。在雷尊殿东墙上，我请设计师制作了很雅致的落地展框，里面专门张挂了数十张我在道教音乐集成的那些

---

① 锡派道士平时以先生互称。

年，给他们拍摄的斋醮仪式中之诵经拜忏、乐奏钧天场面的照片，让这些曾经与阿炳一同做过斋事的客师，又其乐融融地唱赞奏乐于一室。也借此可以让参观者较为真实地感受到哺育阿炳成长的锡派道乐演奏的情景。我在本书中精选了其中的几张照片，以表达我对道长们的崇敬之情。

阿炳1950年12月4日去世，迄今已69年了，人们在欣赏他的感人肺腑的音乐时，有关他的传闻纷纷扬扬，他的坎坷人生更为大众所好奇。其实身为无锡当地一家小道观的道士，恐怕他自己也未必了解和说得清自己的身世，更不要说何年何月做过些什么事，写过些什么东西了。我认为对于阿炳，还是按照著名民族音乐学大家杨荫浏先生在20世纪四五十年代采访阿炳时，所记录的阿炳自己讲的话为好，"我希望你赏识的，是功夫（指技术）和神韵（指表达力量）啊"。

本人对于阿炳的了解和研究尚有许多不足之处，诚望大家指正。

钱铁民

2019年1月

再版附言

阿炳是生活在社会底层的民间艺人,生前没有关于其个人生平方面的专门记载。我与当年杨荫浏先生给阿炳录音时的在场者黎松寿先生相熟,他离世之后,有朋友告诉我,黎先生的太太曹志伟女士告诉他,黎先生曾着手编写阿炳年谱。2005年陈泽民先生来锡,给即将开馆的阿炳纪念馆捐赠琵琶时,我们和黎先生一起待了多日,但黎先生没有与我谈起过要给阿炳编写年谱的想法,倒是谈起1992年3月22号《无锡日报》太湖副刊刊登的一篇文章《瞎子阿炳与雷尊殿》,文中提及发现的雷尊殿与火神殿1924年订立的"拨付依据"上面有阿炳生父华清和的亲笔签名,由此而对阿炳失明和上街卖艺的时间重新排算。(黎先生还专门撰写了《阿炳双目失明年代考》)

无锡本地有两位研究者曾经编写过阿炳年谱,我读后觉得时有牵强,为此,近两年来我尽可能地收集和查阅了相关资料,包括本人于20世纪80－90年代中期,在组织编写《无锡道教音乐集成》和申报国家级非物质文化遗产项目时,走访了多位了解阿炳身世的老道长,同时还走访了目前尚健在且知晓阿炳情况的老人。经类比考证,并趁此次再版之机,我补充撰写了《阿炳生平简编》补入拙著,企望对后人研究阿炳有所帮助。若有不妥之处敬请指正。

钱铁民
2023年12月

目录 Contents

- 我所亲历的有关阿炳的十件事　　／1
- 阿炳的艺术渊源　　／56
- 关于阿炳　　／80
- 阿炳其人其事　　／93
- 阿炳故居演绎　　／111
- 阿炳音乐采录问世之相关背景　　／119
- 阿炳三述　　／127
- 杨荫浏与阿炳　　／143
- 阿炳生平简编　　／152

我所亲历的有关阿炳的十件事

阿炳（华彦钧）是一个从道49年的无锡正一派道士，一个仅读过三年私塾、以《二泉映月》等名曲蜚声海内外的中国杰出的民族民间音乐家。

笔者是1944年11月出生，阿炳1950年12月去世时，笔者尚6岁，虽然家住无锡毛梓桥，离阿炳所居住的崇安寺相距甚近，但笔者很少出门。印象较深的是，喜好京剧的家父和房东李老先生（他是天韵社的曲友，善吹笙）闲谈时，说起雷尊殿有个会弹大套琵琶的瞎子阿炳，但笔者从来没有见过他。20世纪50年代初，笔者上小学期间喜欢并学习琵琶，到了初中，课余时间与三个同样喜欢民族乐器的年轻伙伴，一起参加了无锡华光国乐会，平时排练民乐合奏时，听到过老团员们谈起如何与阿炳交流琴艺，谈起他们帮忙为阿炳录音借胡琴……1960年，笔者报考南京艺术学院附中琵琶专业，考试时就弹奏了阿炳的《大浪淘沙》。此后，笔者远离无锡，参军进入国防科工委火线文工团过了十多年的军旅生活，虽然关注过阿炳，读过《瞎子阿炳曲集》，拉过《二泉映月》，弹过《龙船》，但毕竟只是一般性的了解。

20世纪70年代初，笔者转业回到家乡，后在文化馆从事群众文化工作。市文化馆地处城中公园对门，与市图书馆相邻，三清道观所属火神殿和雷尊殿两殿就近在咫尺，当时道观和殿内都已经没有神像了，大殿改作市中心三阳商店堆货的仓库，朝南三清宝殿精美砖雕的门头尚在，后来估计是为了方便运货卡车的出入，扩建大门时门头全拆除了。其时与雷尊殿一墙之隔，阿炳堂兄火神殿当家华秉钧（华伯扬）的遗孀毛氏还健在，出于对阿炳音乐的仰慕和对其人生的好奇，笔者数次拜访过她，毛氏告诉笔者先前雷斋素开斋期间四乡信众来道观求神的盛况，并告知火神殿和雷尊殿两殿有《拨付依据》，每年道观的香火钱是挨年轮值。也就是说，今年你收，明年我收，以支付道观日常开销。多年来收支方面的不快意使得毛氏对阿炳颇有微词。

20世纪80年代初，笔者重回南京艺术学院，师从高厚永教授，系统学习民族音乐理论。研习结束回锡后，笔者连续参与和主持了无锡地区的民间曲艺、戏曲、民歌、民族器乐等集成工作。在深入基层、深入民间、广泛交结各类艺人，不断学习吴地民族民间音乐的过程中，笔者接触到不少与阿炳有过直接交往的人：有发现、抢救、研究阿炳的著名音乐学家杨荫浏、曹安和，有华光国乐会的老民乐人如马少初（二胡）、李永仁（扬琴）、钱世辰（大胡）、黄宏若（竹笛）、王仲丙（琵琶、阮）等。其间，笔者与祝世匡和黎松寿接触最多，他们两人是1950年9月阿炳录音时的在场者，黎先生录二胡时在场，祝先生录二胡、琵琶时两次都在场。此外，笔者还利用参加专业会议或上门拜访的机会，多次向无锡籍老一辈著名音乐家钱仁康、吉联抗、秦鹏章等名家学习和讨教，多次通过往来书信了解他们在锡期间所知晓阿炳的一些情况。

笔者结识了"说因果"（后改名为无锡评曲）的老艺人平汉良、吴汉臣、冯天音等，重点采访过崇安寺"说因果"的前辈凌俊峰、陆素珍夫妇和锡剧老辈名家梅兰珍、王彬彬，以及阿炳出生地东亭镇的唱山歌大王钱阿福等。

无锡市的道教音乐集成开始于1987年，相关工作人员通过大量的走访和调查，汇聚了无锡地区火神殿、水濂道院、铁索观、明阳观等主要宫观里最有影响的道乐高手，如王士贤、许鹤昆、谢濂山、伍一鸣、伍鼎初、赵锡钧等年龄都在70岁上下的20多位道长，分别于1990年、1991年、1992年、1995年组织了四次有规模的集中采录。在这些身手不凡的道士中，有的曾经与阿炳同做斋事于一堂，有的自幼从道后常常看见"公"（他们对阿炳的尊称）演奏道乐、主持道场、说唱新闻，还有的进观做小道士期间，经常要帮"公"拷酒、买烟，而且能够听懂"公"用胡琴拉出喊他的声音。他们演奏道乐时有的道士常会让阿炳猜"这鼓段是啥人敲的？""梆胡是啥人拉的？"阿炳从来没有猜错过。素有"南鼓王"之美称的明阳观道乐客师朱勤甫，笔者认识得比较早，得缘于和笔者同样喜欢民乐的大哥，笔者也因此很早就熟悉了朱勤甫擅长吹竹笛的、也做过道士的二儿子朱寿庆。勤甫老先生20世纪50年代在北京工作期间，每逢回家探亲或者从老家张泾有什么事到市里来，一般都到笔者家歇息。此外，笔者也在与原天韵社沈养卿的后人等的交往中，不时听他们谈及阿炳的一些传闻。

关于阿炳，两位发现和抢救，并为他录音的著名民族音乐学家杨荫浏、曹安和功不可没。另外，如果没有20世纪50年代初，时任中国音乐家协会主席的吕骥，在一次偶然的情况下听到了阿炳的音乐，发现了这"也不是一般的二胡音乐，而是我国当代最杰出的音乐作品之一"[1]，从而向唱片社推荐，"制成唱片，广泛发行"[2]，《二泉映月》还可能"只是当作一般民间音乐资料珍品，收藏在资料室"[3]，也许永远默默无闻！绝对不可能有那么名扬四海，世界多个国家的一流交响乐团，都来演奏的、经典的东方名曲，以及在国内几近家喻户晓的阿炳了。

阿炳音乐和《瞎子阿炳曲集》问世近70多年来，"阿炳热"持

---

[1] 吕骥：《关于阿炳的回忆》（代序），阿炳艺术成就国际研讨会组委会编《阿炳论——民间音乐家阿炳研究文集》，北京：中国文联出版公司，1995年，第1页。
[2] 吕骥：《关于阿炳的回忆》（代序），阿炳艺术成就国际研讨会组委会编《阿炳论——民间音乐家阿炳研究文集》，北京：中国文联出版公司，1995年，第1页。
[3] 吕骥：《关于阿炳的回忆》（代序），阿炳艺术成就国际研讨会组委会编《阿炳论——民间音乐家阿炳研究文集》，北京：中国文联出版公司，1995年，第1页。

续不断，除了对其音乐的介绍研究之外，几乎所有的领域如电影，电视，戏曲，文学，诗歌，芭蕾舞剧，民族舞剧、歌剧……都表现过阿炳，其间关于阿炳的不凡人生更是多重考证，说法无数，翻来覆去，且有随意杜撰，捕风捉影，胡编乱造，沽名钓誉者。

阿炳生前绝非名人。他年轻时因道乐演奏技艺高超，在无锡道教界小有名气，社会上一些民乐爱好者喜欢或敬佩他的琴艺与他时有交往（只是少数人）。中晚年落魄后的阿炳，以说新闻和街头卖唱成了无锡地界上之一怪。20世纪三四十年代就有沙陆墟、徐叔豪、幽苓、小律等文人，在本地《人报》《晓报》《新锡日报》等刊物上写过他，这些文章尽管篇幅不大，但确实都是看到、听到、想到的，是有感而发的文字。读来让人觉得真实可信，从另一个角度也可以看出，当时的报纸真接地气，不管你是富人、穷人、大人物、小人物，哪怕是叫花子，只要有与众不同之处，多少都能留下些踪迹。好一幅江南无锡民俗风情画！

一、吐血病故

阿炳在录音后短短三个月就去世了，生前他并不知道会因为录音而出名，更没有因为录音而生活有所改善。由于长期患病，他的身体状况已经很差了。录音后杨先生还约请他来年再次为他录音，他也欣然答应，"但事情的变化出于意料之外！1950年12月阿炳突然吐血病故了"①。

其实阿炳吐血已经好几年了，据黎松寿1951年所撰《江南民间艺人小传——瞎子阿炳》② 文中提及，20世纪40年代中后期，他在南京

---

① 杨荫浏：《阿炳小传》，文化部文学艺术研究院音乐研究所编《阿炳曲集：简谱版》，北京：人民音乐出版社，2003年，第3页。

② 后收录入无锡市民族宗教事务局、无锡市史志办公室、无锡锡惠公园管理处，等编：《道教音乐传人——民间音乐家华彦钧》，《无锡史志》编辑部（内部出版），2006年。

铁路上工作,信托无锡的音乐朋友去看望阿炳,朋友们的复信说阿炳突然下决心戒除了嗜好(吸鸦片),反应极严重,每天有吐好多血。黎先生还说,阿炳的录音,获得了整个音乐界的重视,但是当他带了这个消息去看阿炳时,阿炳已经吐血吐得奄奄一息了。

  1990年,笔者在组织道教音乐集成录音时,火神殿老客师尤墨坪之子、8岁从道的尤武忠道长亲口告诉笔者:"阿炳是吐血病故的,当时我就在火神

阿炳

华彦钧(阿炳)墓

殿做客师,他的后事全由他的堂兄华伯扬先生料理,阿炳是身着鹤氅①,头上梳着道士发髻,按雷尊殿当家身份,供奉着由道人施泉

---

 ① 道服。

根书写的'先祖师华彦钧霞灵位的牌位',葬在只有三清宝殿道士去世后,才能安葬的城西灿山'一和山房'墓地圈内。阿炳去世后29天,华伯扬道长请我和朱金祥、许坤沼、朱三宝等六七位道士为他做'五七'超度,在火神殿做了一日头道场。"以此来祈求神灵保佑阿炳灵魂之安宁。

火神殿还有一位1911年出生的道乐客师许鹤昆道长,他自小进殿从道后,就常常给阿炳做"小听差"(跑腿),差前差后为"公"泡茶、端饭、打酒、买烟,许道长连续四次参加了我们组织的道教音乐集成,他曾告诉笔者:"阿炳是痨(肺)病,临终时口吐鲜血,话都讲不出来。"

华彦钧墓碑

以开锁配钥匙为生的夏双宝笔者也熟识,他的修锁摊就摆在改造前的阿炳故居进门口。20世纪50年代初他就住在阿炳生前住的小破屋里了,他也知道阿炳是因痨病吐血病故的。

关于阿炳的去世除上述之外,在笔者所接触过的与阿炳相识的各种人群中间,不知道死因者有,听说是吐血病故者有,说是吸食鸦片或梅毒中毒身亡者也有，说他是自杀者无一人！然而当前流传甚广的阿炳自杀之说，那位编造者其证据不知出自何方？在阿炳看来，这一辈子让他觉得最开心的事，莫过于自己的琴艺，自己的"神韵和功夫"能得到杨先生、曹先生这样有大学问的音乐家赏识。当他录音后，从听到录音机里发出仿佛有"仙气"的自己拉的琴声，到他爽快地答应来年再录音的愉悦心情看，阿炳有什么理由要自杀？笔者20世纪80年代曾经到位于盛巷的崇安寺派出所查阅过阿炳的户籍册，上面写着"职业道士，附注，华阿炳，全国音乐艺人"。笔者曾问过公安局的同志："现今有人说阿炳是自杀的？"他们笑着说："如果阿炳是自杀的，那当时就应该勘查并有记录，他的原始户籍记录里什么都没有，肯定是自然死亡。"

二、琵琶捐赠

2001年9月，笔者在沪参加由上海市音乐家协会举办的汪昱庭琵琶艺术学术研讨会，会上结识了中央音乐学院教授陈泽民先生。

陈泽民捐赠的琵琶

2005年6月17日，陈泽民夫妇（后排左四、前排左一）和黎松寿夫妇（后排左五、前排左二）等在阿炳琵琶捐赠仪式上合影

先生让笔者看他的一把红木琵琶，说这是他的导师曹安和送给他的，这把琵琶就是当年曹先生借给阿炳录音的琴。陈先生十分珍爱，出国演出或者重要教育场合他才用这把琴。陈先生告诉笔者，曹安和老师对他说，曾有境外友人要出高价收购此琴，曹先生没有同意。他听说无锡修复了阿炳故居，希望借此机会捐赠，一则了却自己多年的心愿，二则也是对恩师曹先生有个交代。陈先生当时听说的是无锡东亭镇有个阿炳故居，笔者告诉他，东亭本来已经没有阿炳生活过的地方了，他所听说的故居是1993年市里为了召开纪念阿炳100周年诞辰国际学术研讨会，而由当地政府在春合村重新设计建成的一栋三开间的民舍，以当阿炳的出生地。笔者对他说："陈先生，阿炳留世或者用过的东西可能就此一件了，无锡市崇安

区人民政府已经在着手修复阿炳从道终身的雷尊殿,并把他作为阿炳纪念馆。这把琴这么有意义,在故居修复快完成时我会告知你,无锡这里我预先请示有关单位,邀请你过来举办一个捐赠仪式。"

2005年初夏,崇安区人民政府正式邀请陈泽民先生来锡,6月17日上午在区政府大楼,隆重举办了阿炳琵琶回归捐赠仪式,会上陈先生做了非常生动且很简洁的发言,黎松寿先生也出席会议并讲了话,笔者则用这把琵琶演奏了一曲《大浪淘沙》。自此,这把名琴成了阿炳故居的镇馆之宝。

2005年6月钱铁民在阿炳琵琶捐赠会上演奏《大浪淘沙》

琵琶捐赠尚有一个小插曲,陈泽民夫妇来锡当天上午,笔者陪他俩去游太湖,突然接到区委宣传部李部长的电话,他对笔者说:"黎松寿看到琵琶了,先生说这把琴是假的,明天就要举办捐赠仪式了,通知都已经发出去了,怎么办?"他的语气十分着急。笔者当即回复他:"请放心,琵琶肯定是真的!至于具体情况,待陈泽民老师回宾馆后当面对黎先生讲吧!"

陈先生学识渊博,为人非常低调,待人特别诚恳,广受大家尊敬,口碑非常好。在等待捐赠期间,他不愿意"兴师动众",甚至多次对笔者说,趁他有机会回上海老家途经无锡时,让笔者到无锡火车站站台上去取琴,由笔者代他捐给阿炳故居。

中午我们回到宾馆,陈老师等黎先生午休起床后,拿着琵琶到他房间,当面讲清了此琴的来龙去脉,特别就黎先生提出的"这把琵琶的品不对",陈老师说:"这把琴原来是四相十三品,录音后曹先生回音研所,为了适应教育和演奏当时的一些琵琶曲加了几个品。"事情说清楚,黎先生也释然了。其实,1950年录琵琶曲那天黎先生并没有在场。

捐赠仪式结束第二天,陈泽民夫妇回北京。第三天,笔者又接

2007年6月钱铁民(左三)与陈泽民夫妇在阿炳墓前

到区委宣传部的电话,说是黎老师的太太曹女士看到《无锡日报》的报道后很生气,来电责问报社编辑部,甚至要求上级部门处分撰稿的记者,曹太太说她看到了《无锡日报》有关这次活动的新闻报道,把当年阿炳录音时,在场的她的名字漏写了,她说:"海外有朋友看到这次新闻报道没有我的名字,还以为我不在人世了。"为此,她非常生气。

笔者即与黎先生通话,告诉他新闻稿的有些内容是笔者提供给记者的,当时只讲了录音在场时从事音乐工作人员的名单,希望黎太太谅解。

另外,陈泽民先生就当年为阿炳录音一事曾经问过笔者,他问发表在台湾《北市国乐》刊物上的《关于阿炳》一文中阿炳录音的时间、地点资料来自何处,笔者告诉他来源于黎松寿的介绍。陈先生自己就这个问题专门撰写了《1951年阿炳录音纪实》一文,文中他根据曹安和老师回忆的当年的录音情况提出三点分析:一、录音时间应该是下午;二、录制《二泉映月》开始时户外下雨;三、胡琴、琵琶曲同一天录的,琵琶曲在先,胡琴曲在后。这与黎松寿所提供的时间有出入了。就此问题笔者曾经请教过录音在场的祝世匡老师,祝先生对笔者说:"录音是有两次,前后相隔数天,第一次录二胡在三圣阁,是黎松寿岳父在佛教会做事的曹培灵提出来的,原因是三圣阁离阿炳家近。第二次录琵琶是下午,隔天前就在曹安和盛巷的家里说好的,那里离雷尊殿也很近,录音时外面下雨。"

陈泽民夫妇2007年又来过一次无锡,笔者陪他参观了已经修建好并正式开馆的阿炳纪念馆,陈先生和他太太都很高兴,笔者感觉到陈先生就曹师所赠琵琶一事心里踏实了。他还就琵琶搁置的方式提了建议。

三、道籍、传略

关于阿炳被"议出道门"的说法，自阿炳音乐开始传播就传开了，这主要根据见于 1954 年人民音乐出版社出版的《阿炳曲集》，1963 年《光明日报》发表的《瞎子阿炳》，1977 年《人民音乐》第 6 期发表的文章，1980 年《人民音乐》的《阿炳其人其事》等，这些文章都是杨荫浏先生写的，杨先生是我国著名的音乐史学大家，他既是阿炳音乐的抢救、采录者，又是阿炳音乐的解释、研究者。诚如田青先生在为《杨荫浏全集》作序时说："世有伯乐而有千里马，世有杨荫浏而有华彦钧也。"[①] 杨先生有关阿炳被"议出道门"的依据主要有两点：

一、阿炳参加了吹鼓手集团，道士们认为他丧失了他们的面子，把他排挤出了他们的集团，这样，他便变成了吹鼓手了；

二、阿炳 30 岁左右，由于他经常指出别的道士的演奏缺点，遭到同行妒忌，他自己向民间艺人学习了许多非道教音乐，同行认为他破坏了道规，是邪门歪道，因此，就被议出道门，也就是被赶出道门。

曹安和先生也在《回忆民间音乐家阿炳》[②] 一文中说："在他当道士的时候，由于经常和吹鼓手一起参加演奏，因而被排挤出道士的行列，变成了吹鼓手。他当吹鼓手的时候又因为常常在街头为群众演奏，而被排挤出吹鼓手的行列。就这样，他成了一名流浪街头的民间艺人。"[②]

---

① 中国艺术研究院音乐研究所编：《杨荫浏全集》，南京：江苏文艺出版社，2009 年，序。

② 中央人民广播电台文艺音乐组著：《民族器乐广播讲座》，北京：人民音乐出版社，1981 年，第 43 页。

1961年杨荫浏（左二）与曹安和（左一）

阿炳究竟被赶出道门没有？回答是肯定没有！沈洽先生在1980年前后曾经到无锡做过深入调查，对多年关注阿炳的《无锡日报》记者洪美、周卓人，市文化局的许亿和，电台的宋一民等做过反复采访和交流。他在所撰写的《阿炳事考一二及其它》[①] 一文中认为阿炳确实没有离开过道门。

---

① 《中国音乐》增刊《民族音乐学论文集》，1982年。

笔者在翻查无锡旧闻时发现，民国二十八年（1939年）有位名叫不律的阿炳东亭同乡人，在当年的2月2—3日的《新锡日报》的"无锡八怪录"专栏发表了《街头艺人瞎子阿炳》一文（这是迄今为止能看到的有关阿炳最早的介绍文章之一）。文中讲了阿炳的出生，7岁师从华清和做道士，是一个出名的小天师，华清和去世后，"他承继遗产遗业，然违背着清静道德，纵使道业败落，幸好弹得好琵琶，拉得好胡琴"。作者对阿炳的技艺这样描述："风声雨声，山音水音，只需轻拢慢捻，既抹复挑，转轴拨弦，掩抑钩捺，便能曲曲传出，信手弹拉，哀乐立分，靡靡之音，使人心荡，凄切之韵，使人坠泪，神乎其技，妙造自然。"对于阿炳的街头卖艺，文中说："阿炳背琵琶，拉胡琴，行于途，老伴侣或牵衣，或扶掖，如影随形""翻靠着崇安寺的露天临时艺场，说噱拉唱，博得蝇头微利，自疗烟瘾饭瘾。"按阿炳1893年出生的年龄来算，其时他应该是四十五六岁。当时他已经失明，靠道业的收入已经无法过日子了，所以才被迫走上街头。但是逢每年的雷斋素，阿炳还是以当家道士的身份收取香火钱的，他从来就没有离开过雷尊殿（据尤武忠和华伯扬遗孀毛氏口述）。此外，1948年9月27日，无锡《人报》刊载了一篇署名徐叔豪所写的《瞎子阿炳巧断黑箱冤魂》，从该文结尾也可以看出阿炳一直在道观，文中谈了阿炳与董催娣"在困苦中共生活，真是一对患难伴侣了，现在阿炳在雷尊殿里值年当家，生活虽安定，谈不上写意两个字"。

笔者手头保存有一张1950年11月7日在阿炳去世前不到一个月，向江苏省苏南人民行政公署税务局缴纳字第8058号的《地价税缴款书》，上缴住址为图书馆路32号（雷尊殿），税款壹拾壹万玖仟肆佰陆拾元（旧币）的凭据。没有什么比这更能说明阿炳至死都有道产和从来没有被赶出过道观了。

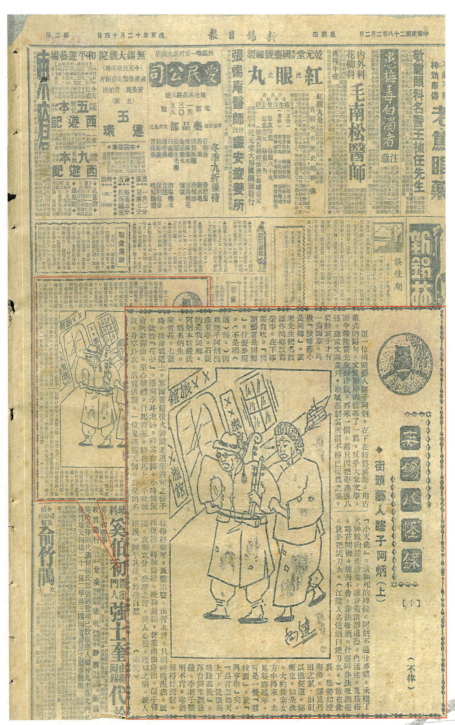

1939年2月2日《新锡日报》《街头艺人瞎子阿炳》(上)(不律)

無錫八怪錄（十一）（不律）

◆街頭藝人瞎子阿炳（下）

大熱天氣，是他黃金時代，一日之間，可二十紙，挑香膏、沽荳酒、綽綽乎有餘。到北風低吼、雪霽崇安寺的露天臨時場，翻弄薺崇安寺的露天臨時場，翻弄薺崇安寺的露天臨時場，翻弄著崇安寺的露天臨時場，翻弄著崇安寺的露天臨時場，我宵包拍大紅袍，沙大官在觀瞻後編纂浚近歌詞，成為前月過剝奪——阿炳一定採徵老人地，編纂浚近歌詞，成為前月過剝奪——阿炳一定採徵老人地，編纂浚近歌詞，成為前月過剝奪——阿炳一定採徵老人地，深明「夫婦相隨」之古調，阿炳橫陳偲臥、老伴侶替他搖扇或擦衣，唱的新聞。擴證氏倪成有功無錫的老人地，深明「夫婦相隨」之古調，阿炳橫陳偲臥、老伴侶替他搖扇或擦衣，伴侶倪氏一眼三眼一板，藝人有金石聲。阿炳背琵琶、拉胡琴、行於途，絕妙活眼可人，他們倆亦老伴侶或乘衣，老伴侶或乘衣，黑点一板，勞拍琴、拉胡琴、行於途，絕妙活眼可人，他們倆亦老伴侶或乘衣，無以至今日，偏戴眼鏡，勢時或擦茶，相依慰饜，卻是知音鳳！然如影隨形。阿炳背琵琶、拉胡琴、行於途，絕妙活眼可人，他們倆亦老伴侶或乘衣，無以至今日，偏戴眼鏡，纔能花叢掩袖，不取不求。阿炳（害目）之後，自逃光緒十四年（丁亥）生，阿炳是無錫的老郎君，則偏戴眼鏡，纔能花叢掩袖！下聯的句子，[完]

扶掖，如影隨影。阿炳無食息、無以至今日，偏戴眼鏡，纔能花叢掩袖！下聯的句子，少不了「哥頭藝客是同鄉」

初夏，倪在下淮備續一副零聯，晉韻晉說

挑薺共食，不取不求。阿炳（害目）之後，自逃光緒十四年（丁亥）歲，須要再歇六年，此街頭藝人

豬鏹，今年五十有三歲，須要再歇六年，此街頭藝人

步透，倪不佳饜目也。合弄微鬢，相依慰饜，卻是知音鳳！

1950年11月7日华阿炳缴纳雷尊殿地税收据

1924年雷尊殿华清和（阿炳之父）与火神殿当家顾秋庭共立拨付依据

回过来我们再看杨、曹两位先生当时为什么一定要把阿炳议出道门,笔者在拙文《阿炳与道教》①中认为,杨荫浏和曹安和完全是为了顺应当时的政治气候,才把阿炳推入民间艺人吹鼓手的行列,标树了一位不畏强暴、勇于抗争的民间音乐家。他们救了阿炳,也救了《二泉映月》这首感人肺腑的佳作。

1993年11月钱铁民(左一)与曹安和(左二)在太湖

写到这里,笔者回忆起1984年初夏,笔者为了撰写江浙琵琶流派论文一事,专门到北京中国音乐研究所求教曹安和先生的往事。当时在请教完论文课题后,我们谈了无锡的地方音乐,谈到了阿炳,曹先生说:"当年从无锡给阿炳录音回天津以后,我们非常喜欢阿炳的音乐。有次在放录音时吕骥同志走进来,他边说边问'这

---

① 原载《中国音乐》,1994年第4期。

是谁拉的？功力不凡啊！'我们告知了原委，吕骥同志了解了阿炳的情况，看了资料，他问杨先生，'这些录音可否借我听听？'事后一直没有消息，大约过了半年，中央人民广播电台播出了阿炳的音乐，阿炳胡琴、琵琶曲已经被灌成了唱片（唱片编号为51189甲乙78转）。"自此，民间艺人阿炳的音乐传开了。

1993年，为纪念民间音乐家阿炳100周年诞辰，无锡举办了"华彦钧（阿炳）艺术成就国际学术研讨会"，中国音乐家协会的主要领导，全国各音乐院校和海外研究阿炳音乐的著名民族音乐理论家、演奏家齐聚一堂。会议内容甚为丰富，与会者宣读的论文就有数十篇，也许是为了配合此次盛会，无锡有关方约请南京出版社出版发行了黎松寿、张伯祎主编的《阿炳传略》（1993年11月），该书32开本，共129页，黎先生大家都知道了，张伯祎女士是报业所属《华东信息报》周末刊部的记者。《阿炳传略》一书有"清和八岁当道童""琴弦绝唱""落英似火红满天"等15个章节，从阿炳出生到离世写得很详细。记得在湖滨饭店会议室的分组讨论会上，

1993年11月钱铁民在华彦钧（阿炳）艺术成就国际学术研讨会上宣读论文

中央音乐学院汪毓和教授当面对黎松寿先生说:"黎先生啊,《阿炳传略》书里把阿炳写得这样头头是道,里面有没有水分啊!"黎先生听后有些尴尬,他说:"这本小册子前面章节我是亲自参加写的,后面他们写得多。"意思应该是写作过程中做了些添加。日本友人笹本二郎是《二泉映月》的超级迷,他也参加了会议,就坐在笔者旁边,因为听不懂中文,别人发言时他硬撑着不让自己打瞌睡,听到这里他突然精神振作起来了,会后还问笔者汪、黎交流问题的具体情况。其实黎先生对这本书是有意见的,他夫人曹志伟在先生去世后曾说过:黎松寿出过一本有关阿炳的书,"当时是别人牵头出的,他对这部书很不满意,认为其中一些对阿炳的描述并不客观"。黎松寿的好友祝世匡没有参加研讨会,《阿炳传略》出版前他并不知道,事后笔者送给他一本,祝先生的眼睛晚年患有严重的白内

1993年11月钱铁民(左七)与参加阿炳100周年诞辰纪念大会的部分代表,在阿炳故居前的图书馆路口合影

障，看字得贴着书，他浏览了一下，以似乎是一种不当一回事的神态笑着说："勿对啊！阿炳怎么会是这样。"2003 年他接受一次采访时[1]就这本《阿炳传略》一书说"哦！不对的！诺，他（指黎松寿）人还在的哦，我还是可以说，大部分是假的"。

笔者认为，对于一个有影响的历史人物，尽可能地理清事实应该是最重要的，实在不清楚的地方可以存疑啊！阿炳的情况就是如此，他生前没有受到过任何的重视，更不要说对他的生平、家史或者从道、学艺、街头卖唱等经历有过什么史料性的记载，也许有些事情他自己都说不清楚。阿炳一曲成名后，他的不凡人生和坎坷生涯受到了社会的广泛关注，那么多艺术门类都用各自擅长的文艺形式来表现他，对此可以另当别论，皇帝都可以戏说，何况是阿炳？然而从传记、学术分析和史实研究等层面来看，应该事事求真！

四、阿炳铜像

1992 年春末的一天上午，笔者接到电话让立即去长大弄市文联小白楼开会，待笔者赶到一楼会议室时，文联领导苏东驰、朱宗之等四五个人围着钱绍武先生正在认真地讨论钱先生提供的四五张画，都是阿炳以不同姿势坐着拉胡琴的雕塑草稿图，他们对其中那张阿炳头戴着破帽，顶风弯腰强劲拉满弓的画稿比较满意，阿炳铜像基本上就以此稿为准。笔者和钱先生不熟，尽管久闻其名，那天算是第二次见面，钱先生是无锡人，他告诉笔者，他和阿炳还是近邻，年轻时多次看到过阿炳卖艺。笔者认真地看了先生的画稿，说出自己心里的不同想法："近代无锡地区曾经涌现过不少著名的二胡演奏家，如周少梅、刘天华、蒋风之、储师竹等，他们都是五四运动以后，崭露出来的知识分子型艺术家，江阴就有一尊刘天华坐

---

[1] 《无锡广播节目报》，2010 年 9 月 12 日。

姿拉琴的雕塑。阿炳不同,他是一个败落的道士,一个沦落在街头的民间艺人,他最大的特点,最生动之处是夜深人静时,边走边拉着胡琴走街串巷,所以阿炳的塑像应该是站着拉琴为好!"话音刚落,钱绍武先生急切地说:"不要讨论了,就按铁民的意见我重新设计!"

2009年12月钱铁民(左二)在钱绍武(左一)北京寓所

  1993年11月,由钱绍武先生创作的大型雕塑阿炳铜像,作为"华彦钧(阿炳)艺术成就国际学术研讨会"的一项重要活动内容,在锡惠公园举行了隆重的揭像仪式,中国音协主席吕骥、副主席孙慎,无锡市有关领导,全体与会的专家、学者都出席了。随着幕布徐徐落下,在我们眼前高耸着一个头戴破帽,身穿陋衣长衫,戴着一副墨镜,镜片一高一低,拱着腰,顶风缓步拉着胡琴,流露出一种深受着苦难生活的折磨与摧残,然浑身涌动着一股不屈与抗争的情态,满怀无所畏惧气概的阿炳。钱绍武先生现场做了有关创作雕像的讲话,他说:"……阿炳雕像是我数十年雕塑生涯中满意的作品之一，在创作过程中，我接受了钱铁民先生的创意……"钱绍武教授早年毕业于中央美术学院并留校任教。1957年又留苏，毕业于

1993年安放在锡惠公园的阿炳铜像

苏联列宁格勒列宾美术学院雕塑系，获艺术家称号，是我国著名的雕刻家、画家、书法家。一个不经意的想法，让他如此重视和肯定，竟然在揭像仪式上讲出来，笔者内心深感激动，这就是大师的榜样，大师的风范！数年后崇安寺阿炳故居改建，钱先生又创作了一尊坐姿拉琴的阿炳铜像，两尊雕塑创作期间，钱先生多次联系笔

者，让笔者提供更多的阿炳资料。1991年11月，笔者组织无锡正一派道士，在扬名乡采录拍摄飞铙科仪时，特意邀请刚好在锡的钱先生前来观看，他兴致甚高，边看边连声赞叹："精彩，精彩！"表演结束后，我们还一起愉快地合影留念。钱先生严谨、一丝不苟的

1993年11月阿炳铜像揭幕仪式

创作态度，极富创造性的理念使笔者受益匪浅。2009年，笔者到先生北京依山一庄的居家看望他，老远就见到先生别墅大门口耸立着一尊阿炳的雕塑，钱先生对家乡是多么眷恋！对阿炳的艺术是多么热爱！

2007年无锡老图书馆前由钱绍武雕塑的阿炳坐姿塑像

五、说唱新闻

  1948年4月27日,《人报》发表过署名幽苓的短文:"瞎子阿炳来了!大宝娘……来听啊……把昨夜的继续讲下去吧!仅仅一分钟,小小的院子里已围上了好几十个人,三两个抱着婴儿的妇女和孩子,杂在人丛中咛咛嘈嘈的骚动。'啊哼……啊哼……那盲者直起脖子,以破竹筒的干咳开场了。苍白的脸上,纵横着无数条风霜的烙印,满头斑斑的脏发,厚厚的一如灰堆上的枯败残草,平额下一双凹瘪的瞎眼更深了,说话时更像有什么东西含在嘴中,各位先生,太太,小姐们,慢吞吞,毛刺刺的粗嗓,如病后的工匠在有气无力地锯木,我看他累得青筋突起,喊得正响……今朝瞎子阿炳又来惹厌,交关对勿起!那么……今朝夜饭钱勿提,横下来的,黑饭,还没有着扛!……白色的涎沫渐向口角积聚,听众们站着不动,他吩咐老太婆收钱了。"①

  这恐怕是阿炳"说唱新闻"最真实的即时记述了,我们可以从中清楚地感受到三点:其一,阿炳说唱新闻很受群众欢迎,"仅仅一分钟,小小的院子里已围上了好几十个人";其二,阿炳十分困苦和败落,苍白的脸上纵横着无数条风霜的烙印,满头脏发,如枯败残草,今朝夜饭钱不提,黑饭还没有着扛;其三,阿炳说新闻抑或还有故事有连续性,就像说书人吊听客的胃口那样说到紧要处,"且听下回分解",阿炳也来一个"把昨夜的继续讲下去吧!"

  至于阿炳说唱有哪些内容,不外乎民间实事和时事新闻,如《蔡云坡云南起义》《枪毙上海流氓闫端生》《汉奸没有好下场》等。然而不管什么内容,阿炳高明之处就在于,当他听闻后,都能

---

  ① 无锡市民族宗教事务局、无锡市史志办公室、无锡市锡惠公园管理处,等编:《道教音乐传人——民间音乐家华彦钧》,《无锡史志》编辑部出版,2006年,第222页。

即兴化作自己心里想要说的、老百姓听得懂又喜欢听的话,他自编自唱,四字或七字上下句,句句有情,声声出彩!

目前,我们能看到阿炳一些精彩的唱段,如"黄埔江边,十九路军,大刀列队,杀敌逞英……""财主黑心,禽兽畜生,法院眼睛,只认白银,百姓倒霉,有冤难伸,瞎子阿炳,打抱不平"①。

年近九旬的钱惠荣先生多次告诉笔者,其实现今流传阿炳说新闻的唱词,并非阿炳当时说唱的原词,现今看到的唱词都是由他编写的。钱惠荣是著名的锡剧剧作家,1951年,他在无锡市文联工作时,就经手过崇安寺小学扩建校舍拆墙壁时发现的"良民证"上阿炳的照片,并翻印后赠送给有关文化艺术单位。关于阿炳唯一传世的照片,钱惠荣和他的同事,同在文联工作负责音乐的谷洛先生,生前不顾年迈体衰也曾多次到笔者办公室来告知这件事情,没有他们俩的努力,恐怕后人根本看不到阿炳的真实模样了。

2014年《锡剧经典唱段101首》新书发布会,钱铁民(左三)与钱惠荣(左二)

---

① 钱惠荣:《从"说新闻"看瞎子阿炳的曲艺才能》,阿炳艺术成就国际研讨会组委会编《阿炳论——民间音乐家阿炳研究文集》,北京:中国文联出版公司,1995年,第173页。

1993年，钱惠荣参加了"华彦钧（阿炳）艺术成就国际研讨会"，撰写了《从"说新闻"看瞎子阿炳的艺术形象》。钱先生多年从事地方戏曲和曲艺的创作与研究，编写说唱唱段十分拿手，他知道阿炳喜吸鸦片，但他又对鸦片深恶痛绝，就编写了《鸦片本是外国生》："鸦片本是外国生，一到中国绝了我命根，阎王拿出勾魂票，先点头边引路灯，如何好把洋烟吸？一费精神二费银，三餐茶饭常常缺，四季衣衫勿完整，五更寒冷少被盖，六亲断绝人看轻，开门七事无来路，勿怪八字怪自身，仔细想想无好处，悬梁高挂一条绳。"①他编的唱词形式活泼，语言风趣，比喻生动，寓意通俗，颇能体现阿炳说新闻的神韵。

　　阿炳说唱新闻有一个固定的开场："说起新闻，啥格新闻，新闻出勒，啥格场哼。"笔者听祝世匡、道士伍一鸣、谢濂山、王士贤都唱过，其音调源于无锡道教的经赞，前两句出自"起忏"，后两句为"十六召"，道教中间的赞曲时常被阿炳随心填词张口就唱，如有首《赞三宝》，该曲旋律流畅，节奏生动，笔者曾配上惠荣先生编写的唱段《金圆券》，"金圆券，好东西，花花绿绿满天飞，早晨可以买头牛，晚上只能买只鸡"，唱起来果真朗朗上口，富有意趣！

　　关于阿炳说新闻是否用三翘板②击节伴奏，黎松寿先生是持肯定态度的。记得2005年6月在无锡有次我俩都参加的会议上，黎老还提出要到民间去找这副三翘板。笔者曾经询问过尤武忠道长，他说："阿炳一般情况下，随手把手中的胡琴横下来，用手指拨弄几下琴弦就开唱了。"无锡地区流行的民间曲艺"说因果"（后改称"无锡评曲"）是用三翘板的，它不加任何丝竹乐器。老艺人平汉良曾对笔者说过："阿炳身着破长衫，喜欢披件褡裢，褡裢前面有个小口袋，里面插上个烟筒，不用三跳边走边就说唱了。"这说明，阿炳说唱新闻时，三翘板是时用时不用的。

　　写到这里，有件憾事不得不提，前面笔者曾提及采访过的"说

---

① 钱铁民，徐晓慧编著：《无锡民乐》，南京：凤凰出版社，2009年，第125页。
② 三翘板：一种由三块敲板组成的打击乐器，俗称"三跳"。

因果"老艺人凌俊峰和陆秀珍夫妻,1979年民间曲艺音乐集成,一开始笔者就接触他俩,采录他们演唱的剧本和曲调,时常到他们所住崇安寺游泗弄的家里去走访,当时他们已经年逾古稀。时隔数年,待笔者从其他老艺人那里知晓,凌俊峰是阿炳过从甚密的好友和近邻,阿炳说唱新闻的情况他最清楚。一个说因果一个说新闻,两人几乎天天在一起。说新闻是阿炳艺术生涯里十分重要、特别精彩、有声有色,且闻名于无锡城里的绝艺,后人却知之甚少。当笔者急赶着找凌先生了解阿炳卖艺的情况时,他们夫妇都已经作古了。笔者和他们近两年的频繁交往,竟只谈说因果不涉其他!笔者深深地责怪自己,怎么就没想到问一问!

说因果艺人凌俊峰、陆秀珍夫妇(1980年摄)

六、两位前辈

祝世匡(1915—2004)和黎松寿(1921—2010)是无锡非常有影响的民乐前辈,他们挚爱民乐一生,分别在沈阳音乐学院和南京师范大学音乐系任过教,对阿炳音乐的抢救和普及都做出很大的贡献，是笔者敬慕的老师。笔者和他们二人相识于20世纪六七十年代，和祝老师接触更多。出身于望族的祝先生年轻时就读过苏州美专、上海"国立"音乐学院等，他着迷于中西音乐，尤擅琵琶、胡琴，拿现在的话来说先生是一位超级"乐痴"。据笔者所知，祝老是与阿炳交往最多、交情最深的民乐人之一。无怪本邑老报人华钰麟曾撰文《我所了解的瞎子阿炳十个谜》之七[①]说："阿炳有两位挚友，抗战前是杨荫浏，抗战后就是祝世匡。"

祝世匡

《无锡报》1979年8月14日发表祝世匡先生的署名文《二泉映月定名的经过》，讲述清楚，言之有理，广为学界所认可。

1986年钱铁民（左三）召开有关阿炳座谈会（左四祝世匡，左二王汝霖）

① 《无锡新周刊》，2007年4月30日A8版。

20世纪70年代后期，当时文学界、戏剧界对阿炳的事迹兴趣甚浓，有在电视剧写华清和与二少奶奶偷情生了阿炳，有剧本在"琴辨"一折把阿炳神化，说他凭听音就能断定唐朝古琴的真伪，又有把阿炳说成为一个抗日英雄等。一家著名媒体来锡召集相关人员开座谈会，要了解阿炳的情况，祝世匡先生应邀与会，会上从头至尾他一言不发，有人请他，"祝老师你讲几句吧"，他只是微笑一下仍不吭声。会后笔者问他："祝老师，你怎么不发言呢？"先生轻轻一笑说道："他们讲的阿炳我不认识，我要讲的阿炳他们肯定不要听啊。"

1994年3月秦鹏章与台湾朋友陈绍箕前来无锡与华光国乐会交流，钱铁民（左二）与祝世匡（左一）演奏江南丝竹《三六》

"文革"后期黎先生常回无锡，每次我们三人总会碰头，每每谈及阿炳的一些情况时，黎先生总会随口询问祝先生："是不是这样啊？"黎先生对笔者说过，"阿炳的事情祝先生最清楚"，这也许与1949年前，黎先生还在南京铁路段工作，接近阿炳的机会少有关。

认识祝世匡的乐友通常都会觉得祝老师不善言表，其实，他是"话不投机半句多""乐不相合不动手"的人。遇上他认为可谈可合乐者，先生可是侃侃而谈，合乐不休之人啊！笔者曾就华光国乐会1949年前尝试民族乐器的改良如阮、笛等采访过他，先生足足谈了三小时没有停歇。

2000年钱铁民（左一）与秦鹏章（左二）

笔者和黎松寿先生相识是祝老师介绍的，当初，笔者有关五弦琵琶改革的文章，就是请他寄给杨荫浏征求意见的，黎先生为人很热情，他是和阿炳有20多年亦师亦友交往关系的忘年好友。"文革"刚结束不久，黎先生因为要创作有关阿炳题材的文艺作品，希望笔者在无锡收集"文革"中批判阿炳的资料，笔者借到了不少这方面的文章（小报文章居多），当时没有复印条件，笔者就一份份手抄了寄给他。我们之间经常通信联系，黎先生需要用批判阿炳什么方面的内容，笔者就通过乐友或文化和媒体圈内的朋友为他收集。记得当时在文化部门工作的沈源和袁志城两位先生给过笔者较多资料，他们在"文革"中自己写过，也保存了一些。一旦资料拿到手后，笔者常常是连夜抄写以便尽快寄发给黎老师。不久，黎先生带上北京《十月》月刊的作家邢富源前来无锡考察，是笔者联系了一辆吉普车，和在文联工作的袁志城一起陪同参观了包括阿炳墓葬地在内的好几个地方。后来电影剧本在《十月》杂志发表了,署名是邢富源和黎松寿。

2008年12月钱铁民(左一)与黎松寿(左二)参加阿炳艺术论坛时合影

2000年春末的一天,笔者接到市教育局的来电,询问黎松寿的联系方式,说有人要找他,后来笔者才知道是退休后的李岚清副总理要找他了解阿炳的情况。

笔者从结识黎先生起,很少看到他拉琴。二胡爱好者许斌魁先生的女儿曾拜黎先生为师,许先生告诉笔者,他曾经在南京黎先生家住过一个多星期,没有听到黎老师拉过胡琴。1982年10月,黎先生回无锡,一天黄昏笔者准备了些大闸蟹,约请祝世匡在内的五六位老年乐友,在笔者周师弄特号老家小聚。笔者的老父亲兴致甚高,也一起参加了聚餐,大家边吃边聊谈兴很浓。饭后,祝先生拉胡琴,笔者弹琵琶,两人奏了一曲《行街》。黎先生拿起二胡演奏了《二泉映月》的片段,作为多年与阿炳相处的朋友,又是在杨荫浏面前极力推荐为阿炳录音者,曲子出来后还与储师竹老师一起为阿炳的胡琴曲拟订弓指法,黎先生演奏的《二泉映月》十分到位,他感悟到了阿炳拉琴的神韵,仿佛触摸到了阿炳的苦难心灵,笔者当场感动得热泪盈眶！家父听后连声赞好："有味道，有味道！"

黎松寿1951年5月在《晓报》发表连载文章《江南民间艺人小传——瞎子阿炳》（有说此文发表于1950年5月，显然是日期弄错了，当时尚没有录音），文章分阿炳是道士世家、双目失明改做街头艺人、敢说敢唱骂汉奸、作者和阿炳的相识经过、阿炳的作品《二泉映月》《听松》（又名《听宋》）等15个章回，此文引起了无锡市民的热议，影响甚广。黎松寿先生终身为介绍阿炳的艺术成就辛劳不止，据悉，黎先生从20世纪80年代开始就动笔整理有关阿炳编年的书稿，希望这些珍贵的资料有机会问世。

七、故居改建

1975年，笔者在文化馆上班期间，天天要经过图书馆路24—30

2007年5月3日阿炳纪念馆开馆钱铁民（左一）与时任无锡市崇安区副区长的曹锡荣（左二）

号,阿炳住地破败不堪,特别是墙角有个倒马桶的小厕所,基本上一年四季臭气冲天。1993年11月,无锡召开"华彦钧(阿炳)艺术成就国际学术研讨会",代表们参观阿炳住地时不无感慨。同年,全国政协八届一次会议上刘炳森、吴祖光等7名艺术家联名发出《建议修缮阿炳故居 克服极左意识干扰》的提案后,1994年1月4日,阿炳住地被无锡市人民政府批准为市级文物保护单位,外墙镶嵌了一块文保石牌,内部没有任何变动。其后,阿炳故居相继于2002年被列为省级文物保护单位,2006年经国务院批准公布为国家级文物保护单位。

2005年,崇安区人民政府斥资近5000万元修复阿炳故居,保持原貌以旧修旧,工程甚为艰难。当初分管此项改造工程的曹锡荣副区长告诉笔者,面对斑驳酥软的墙壁,都是用针管注射器把凝固剂从墙缝里打进去固定的。修复时,雷尊殿尚存的平房得以保存,只是与相邻的火神殿调了个位置,本来是雷尊殿在东面,火神殿靠西,如今雷尊殿移至火神殿的原址。雷尊殿原地则改为一个展示

改建后的雷尊殿

厅。步入阿炳故居，悬挂于大殿门头匾额的"雷尊殿"三个苍劲有力的大字，是笔者请原火神殿客师尤墨坪的儿子，阿炳喊他小墨子的尤武忠道长书写的。为了恢复雷尊殿的旧貌（当然无法恢复和重塑雷公、雷母神像），笔者请无锡市道教协会，发动道士捐赠锡派正一道的幡、帐围、法器、单皮鼓、胡琴、饶钹等，以营造一个相对贴切的道观氛围。在殿内的东墙，笔者请设计师张挂了数十张在

1990年改造前的阿炳故居

道教音乐集成采录期间，无锡"十不拆"① 道乐高手演奏锣鼓《下西风》、梵音《雁儿落》，做步罡、斋天、建坛、施食科仪等场面的照片。这些道长虽然小阿炳一辈，但是都曾经与阿炳有过亲密的接触，他们曾经一起做过道场，一起奏过道乐，亦都曾经向阿炳讨教过，他们尊称阿炳为"公"。2007年5月，开馆那天，笔者组织了以尤武忠为首的12位锡派道乐高手，身着锦绣道袍，头带皂色道冠，现场表演了粗细丝竹锣鼓《十八拍》和梵音《醉仙戏》等锡派经典道乐。当时的情景很感人，仙乐缥缈之际，"东墙上的道士"

---

① 20世纪三四十年代，无锡地区最著名的道乐演奏班子，由道士朱勤甫、王士贤、尤墨坪、王云坡、赵锡钧、田琴初、谢濂山等组成。

仿佛又回到了60年前,他们又与"公"同做道乐于一室,其乐融融、其情浓浓!

改造后的阿炳卧室

2006年冬,尤武忠道长为复修的阿炳纪念馆题写雷尊殿匾额

改建后的故居外墙,设计师专门制作了一份硕大且立体,能在音乐播放时,有灯光相随的《二泉映月》曲谱。开馆没两天,报社就接到本地和外地众多音乐爱好者的反馈说曲谱有误,第三天记者约笔者前去读谱,笔者发现曲谱和弓指法等有数处错漏。另外,按公开发表的《瞎子阿炳曲集》应该是华彦钧传谱,却被刻成了华彦钧作曲。这件事不管是本地人抑或外地人发现的,都充分反映了《二泉映月》是多么深入人心啊!

2005年初夏,笔者接到南京音乐家协会一位负责人的电话,他说有三四十位爱好中国音乐的日本朋友来宁访问,他们有个非常强烈的愿望,希望能前来无锡参观阿炳故居,看看《二泉映月》的传世者阿炳生活过的地方,当得知故居正在紧张地修缮不便参观时,日本友人动情地说:"哪怕让我们站在阿炳住地的围墙外面,感受体味一下《二泉映月》的神韵,我们也就心满意足了!"

2010年,无锡市先后建成了另外两家有阿炳内容展览的音乐馆,笔者作为主要策划和设计者,参与了这两馆筹建的全过程。一

2010年无锡道教音乐馆在水仙道院开馆

个是 2010 年 4 月 12 日开馆，位于锡城南水仙庙的无锡道教音乐馆，一个是 2010 年 9 月 27 日开馆，坐落在锡城北门运河公园内的中国民族音乐博物馆。

南水仙庙最初名叫"松滋王侯庙"，是明代为祀文天祥部将麻、尹两将军，在南上塘立的庙，俗称"双忠祠"。2008 年，无锡道教音乐正式被批准为国家级的非物质文化遗产保护项目。道教音乐馆的建立，主要就是为了展示无锡道教音乐的历史渊源、类别、主要价值、基本特征及保护计划，将这一非物质文化遗产项目进行妥善的保护和传承。阿炳作为锡派道教音乐中的代表人物，音乐馆为他做了全身站式雕像，还买到了 1950 年为阿炳录音同型号的钢丝录音机，制作了专版等。值得一提的是，经过多方面的努力，我们征集到了一把阿炳经常弹奏"梵音"的红木小三弦，这也是迄今为止留下来的阿炳用过的弥足珍贵的乐器。这把三弦原本是火神殿以弹

阿炳常弹的火神殿尤墨坪的三弦

奏三弦著称于锡城的道乐客师尤墨坪的,尤墨坪既是20世纪三四十年代名声显赫的"十不拆"成员之一,又是与阿炳交往甚密,常常一起做道场的平辈人。这把三弦参加了前述四次道教音乐集成活动,每每客师弹奏此琴时都会有一种崇敬之情。

中国民族音乐博物馆由无锡市人民政府、中国音乐学院、中国艺术研究院三家共建,《无锡日报》报业集团承建。起初只是想建成一个仅展示无锡籍音乐家的展馆,后来扩展成五大板块。第一板块"千古遗音",第二板块"太湖美韵",第三板块"民乐大家",第四板块"国风千年"和第五板块中国民族乐器展览。在展示阿炳艺术成就的展览区内,吸取了崇安寺阿炳纪念馆的教训,名曲《二泉映月》采用了原谱扫描的办法,放大、制成了硕大精美的立体谱面。

2010年9月27日中国民族音乐博物馆开馆仪式钱铁民(左一)与王仲丙(左二)

八、华光国乐会

　　1945年抗战胜利，举国欢腾，无锡市的民乐爱好者，取"中华之光"之意，成立了华光国乐会，并于1948年3月报无锡县政府正式注册。笔者是20世纪50年代中期加入乐会的，得知杨荫浏、曹安和作为乐会的指导和大家关系很密切，主要团员祝世匡、马少初、黎松寿、钱世辰、王仲丙、黄宏若等又都和阿炳有过交往。祝先生、黎先生姑且不说，三四十年代无锡地区流行广东音乐，阿炳特别喜欢，华光演出时他都会来听，一曲《鸟投林》尤让阿炳入迷，担任粤胡主奏的马少初先生就在琴上把着阿炳的手指，一句句

1980年华光国乐会恢复合影（前排左八李永仁，左七祝世匡，左六马少初，左五钱世辰，第四排右一钱铁民）

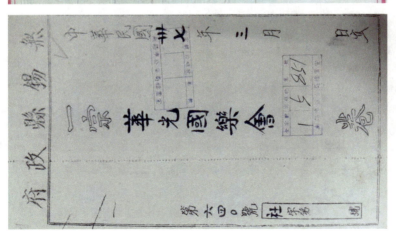

1948年华光国乐团办申社团登记资料

教他拉出千转百回的鸟鸣声。李永仁的扬琴以演奏广东音乐见长，阿炳就从他那里学了好几首粤曲。

1980年，笔者在文化馆工作期间主持了华光国乐会的恢复工作，当时20多位老先生都健在，我们排练演出了乐会一些保留曲目，尽管荒疏了十多年，广东音乐奏起来仍然粤味浓浓。谈及1950年杨荫浏、曹安和暑期回家乡为阿炳录音之事，没有胡琴，国乐会的钱世辰、祝世匡、黄宏若三人就从中兴乐器店华炳康（三胖）老板那里借了一把竹筒胡琴给阿炳。华炳康笔者认识，他中等个子，胖墩墩，总是笑眯眯的，成天围着粘着胶水和油漆的围兜，店里的乐器大都是他自己做的。平时笔者放学回家路过中兴，总喜欢走进店里看他做琴、修琴，或者听进店买乐器的乐友试琴。

钱世辰1907年生，高商毕业，为人正直厚道，他在团里演奏大胡，1960年，笔者报考南京艺术学院附中时，初、复试先生都陪在

1982年7月华光国乐会演奏粤曲《娱乐升平》

笔者身边，他告诉过笔者："录音之后是我一个人到阿炳那里取了这把胡琴送还店里的，因为当初说好是借的，后来这把琴就不知去向了。"2005年，阿炳故居开馆前，笔者向华光老团员详细询问了胡琴的质地、形制、大小尺寸之后，请梅村古月琴坊制琴名师万其兴仿造了一把竹筒胡琴陈列于馆内（同年无锡道教音乐馆筹备时，笔者请万其兴再仿造了一把）。

华光国乐会的老团员与阿炳的交往不仅仅在艺术上，鉴于团员一般都为城市中产阶层如医生、教师、职员、小业主等，生活上吃用不愁。所以时遇阿炳还多少会给些接济。1986年9月，为了进一步了解江南牌子曲和借云馆小唱等事，笔者到北京请教曹安和先生，先生告诉笔者一件有关这方面的事情，曹先生说："录音后知道阿炳生活困难，杨先生就给阿炳寄过四五十万圆钱（旧币），华光国乐会的团员来信说，阿炳的事情请杨先生放心，由我们来管吧。平时马少初、钱世辰等都不时送些钱给阿炳的，隔了一段时间

阿炳录制《二泉映月》等曲的竹筒胡琴（仿制）

杨先生去信再次准备寄些钱给阿炳时，华光团员来信说不用寄了，阿炳已经去世了。"

华光国乐会当时在苏南地区是支有影响的民乐社团，他们与苏州、上海等邻近城市的民乐界时有交流，团员王仲丙（阮）、薛金炎（作曲）、杨竟炎（竹笛）等先后走上专业演奏和教育岗位，成了有一定影响的专家。

九、讨饭调头（曲调）

1987年前后，笔者主持无锡道教音乐集成工作之后，才得知蜚声中外的《二泉映月》居然被锡派道士称作"讨饭调头"。那是笔者在做集成前期走访时，约请了火神殿尤武忠、谢濂山、许鹤昆、朱嘉宇、王士贤、奚裕生等道长座谈，谈起阿炳时他们说："《二泉映月》（当时没有这个曲名）大家早就听华先生（阿炳）在隔壁（雷尊殿）拉了，华先生平日里弹琵琶，拉胡琴是经常事，琵琶弹得多的是《龙船》《昭君出塞》，二胡拉得最多的就是《二泉映月》。当年客师们惊奇地发现，华先生只要拉上这个曲子，拉完就上街卖唱了，道士中没有人跟华先生学，他的堂兄火神殿当家华伯扬更是不准我们学，说阿炳拉的是讨饭调头，不是道士拉的，只准我们学梵音、锣鼓。"讨饭调头"的说法原来出自阿炳堂兄之口！

关于"讨饭调头"，尤武忠道长对笔者讲了这样一段话："阿炳去世时我已经19岁了，我8岁进火神殿学做道士，几乎天天和阿炳在一起，只看见阿炳早上起床后，催娣（阿炳妻子）总会给他梳头盘好道士的发髻，哪天没有买米钱了，他就会拉上现在大家都晓得的《二泉映月》曲子出门卖唱，我们都跟华秉钧当家的口叫'讨饭调头'，想不到后来竟成了名曲。"

笔者与道士的交往还是较早的，学生时期就认识了朱勤甫、朱寿庆、杨亚祺，还有喜欢无锡道教音乐，并和"十不拆"结缘甚深

国家非物质遗产展览大厅中的阿炳展版

的无锡摄影家、京剧名票王汝霖老先生。1947年，无锡道教音乐在上海大中华唱片厂灌制三张唱片，就是王老先生提供给集成办公室的，而且捐赠了好几首梵音、锣鼓手抄谱。

参加集成的道士都比阿炳小一辈，与他有较密切的接触。锡派正一道士多数是家传，都识字，能写会吟，都以先生互称，而他们的父辈在与阿炳的相处中，是看不起染上恶习、不务道业、败落的阿炳的。上辈的看法影响到下辈，所以笔者从他们口中得知，他们除了觉得"公"经赞唱得好，道乐造诣高之外，对其人都没有什么好感。既然把名曲（当然是出名后了）都看成"讨饭调头"，所以也就不觉得阿炳是多么了不起的道长。

水濂道院的王士贤道长说："阿炳当家时架子蛮大的，我们这些小道士都要小心翼翼看他的眼色行事。"尤武忠也曾经说起过，"当年看见雷尊殿殿堂里坐着的华先生，两手架在台上，那副功架蛮有派头"。

尤道长还讲过，"崇安寺是繁华之地，小道士学艺很辛苦，冬天站在长凳上顶风吹笛,拉胡琴指尖磨出血,逢上做道场时,想着早些做完好溜出去玩,我们会偷懒,将原本是一板三眼的乐曲,改作一板一眼来奏,隔壁的'公'听见后会急着摸索走过来,嘴里喊着'贼坏!又想偷懒了,奏得介快去做啥?还不放慢',边说边顺手拿上一件乐器,带着我们从头至尾奏完"。小道士们虽然对阿炳有看法,但对他的音乐功夫还是很敬佩的。

有件让尤武忠一辈子难忘的事。1947年,雷尊殿无极坛做罗天大醮,杨荫浏、曹安和也来了,上场的是无锡最有名气的"十不拆"道乐高手,本来由朱勤甫执鼓的,有人提议说让华先生来一曲吧,阿炳没有推让,道友把他扶上鼓位,他从容地摸了一下板鼓、同鼓的位置,又摸了桌边的星(双磬)、各(木鱼)、汤(七钹),提起鼓槌"扎扎 扎扎……"一套粗细丝竹锣鼓曲《十八拍》奏响了,粗乐细乐徐疾有致,情绪激昂,全曲没有错漏一板,没有错打一件家什(乐器),尾音刚落,全场禁不住鼓掌为阿炳喝彩!

笔者和无锡道士数十年的交往,彼此结下了非常好的情感,让

1990年冬,无锡市文化馆向参加首次道教音乐集成整理的道长颁发纪念奖状

他们觉得最欣慰的是道教音乐集成给他们录音、录像,给他们立传出书,他们的心情从来没有这样舒畅过。下面就他们平时一些有关阿炳的言语摘录如下:

水濂道院当家伍一鸣说:"阿炳和我道院的客师甚熟,常常来我这里奏乐,他的唱赞很好,支支道曲随口就唱出来,流落街头说唱新闻,他开头四句腔,'说起新闻,啥格新闻,新闻出勒,啥格里哼'就是道曲里演化出来的,前二句是'起忏',后句是'十六召'。"

火神殿道士徐英根说:"我在火神殿学道天天和阿炳碰头,他拉胡琴可以拉到下面,三把头、四把头都能拉,他是打鼓好手,拉胡琴不按道教工尺谱的规矩,想拉长就长,想拉短就短,添眼加字随手就来,但是拉出来都很好听,蛮活络的。"

1990年冬伍一鸣道长(左一)领纪念奖状

先后在火神殿、灵官殿、水濂道院、铁索观等道院任过客师的谢濂山说:"我父亲谢桂初(道士)是阿炳的好朋友,我们在西门棉花巷水濂道院做斋事辰光,阿炳常常过来白相,他最开心的就是和我父亲一起做梵音。我是东亭人,东亭有个外科医生叫邓南生,没有生意,想跟阿炳学胡琴,拉过《二泉映月》,养了阿炳半年不容易,黑的白的都要供应,后来阿炳想回城里,仍旧卖唱,钱不白要,赚十元用十元,勿留隔夜钱。"谢道长还说,"日本人来的辰光,他们也喜欢听阿炳的胡琴,在老北门阿炳出城卖艺回来晚走到城门口,一拉胡琴城门就开了,让他进城。"

尤武忠说:"火神殿那时是道教协会的办公地点,订了无锡的《人报》和《晓报》。只要报纸一到,阿炳就会让小道士给他念报,他听完了就会在肚子里编,当天下午或者晚上就出门说新闻了。项阿定(参加过1995年的道乐集成)读报纸给阿炳听的次数最多。"

2007年,无锡市宗教局等单位就无锡道教音乐申遗开展了全面的准备工作,其间笔者积极建议阿炳作为锡派道教音乐中最杰出的代表人物,趁申遗的当口,进一步深入调查和走访如今尚健在,并与阿炳曾经有过接触的老道长们,请他们回忆与阿炳交往的点点滴滴,做抢救性的采录。在此基础上,市宗教局和史志办等联合出版了一本专集《道教音乐传人——民间音乐家华彦钧》。2008年,无锡道教音乐成功申报成为国家级非物质文化遗产项目。

从道士口中之"讨饭调头"可以旁证一个为众所关注,且颇有些争议的《二泉映月》定名之说。锡派正一派道士自幼学习梵音、锣鼓,熟知上百首曲目的名称,笔者在与他们相交的多年中,时不时会问他们以前是否知道《二泉映月》,无论是雷尊殿、火神殿的客师,还是其他与阿炳相熟的道士说起"讨饭调头",大家都知晓,要问起《二泉映月》没有一个人听说过。道长们告诉笔者,他们也都是在阿炳出名之后才晓得原来现在的名曲《二泉映月》就是过去常常听见阿炳拉的讨饭调头。由此,我们可以很清楚地知道,《二泉映月》在杨先生为之录音前并无此名(亦不是阿炳自己起的曲名),确实是录音之后才被定名的。

1999年夏末,央视一位无锡籍编导钱衡青来找笔者,谈起中央电视台东方时空要拍摄一档名为"记忆——20世纪中国文化名人

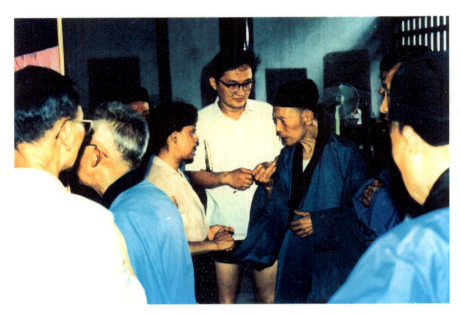

1990年夏，道教音乐集成会议时钱铁民（左四）与马珍媛（左三）采访许鹤昆道长（左五）

录"的电视专题片。其中有一个专题为"阿炳1950年"，希望笔者能提供有关他的资料，组织锡派道士做法事和演奏道乐等，笔者非常高兴，当晚编导就前来笔者家收集锡派道乐的相关资料，详细了解笔者在20世纪90年代初中期，组织数次道教音乐集成时，记录的当年与阿炳交往较多的火神殿、水濂道院、明阳观等道院中一些道士的谈话记录。笔者还组织了尤武忠、谢濂山、朱寿庆、许晓峰等近10位正一派道乐高手在水仙庙做斋天、步罡等法事，为专题片的拍摄提供了情景演绎场面。

十、陆墟五言

　　无锡籍著名作家沙陆墟（1914—1993），精通传统国学，擅长撰写章回体长篇小说、剧本、散文等文艺作品。曾任无锡市文联副主席等职，笔者多次在参加市文联举办的各种活动时遇到过他，沙老谦和、睿智。笔者也与其子无锡文史专家沙无垢和孙女沙云有过交往。陆墟先生与阿炳认识，并在1947年4月11日的《锡报》上发表了一篇近80句的五言长诗《瞎子艺人阿炳》。为此，笔者专门问过无垢先生，他说20世纪40年代，他们家就住在城中公园附近，与阿炳是近邻，其父当时心境欠佳，时不时会与阿炳交谈，写这首诗是有感而发。"我住公园边，终日不见天。"诗句一开始就表达了作者身居陋室之压抑的心情。文中沙老对阿炳的苦难生活极为同情，"鹑衣成百结，艺人沿路乞"；同时盛赞阿炳的琴艺，"我疑是隐贤，不然何高古"。值得一提的是，诗文中有这样一段："静哉《眉梢月》，听之俗虑蠲，万马奔腾处，为弹《闹龙船》，千军尽辟易，《霸王解甲》篇，《春雷》轰轰起，撼山复震川，五指序七七。"沙老提及了四首曲名，《眉（梅）梢月》是清代道教典籍黄箓科仪（有1750年序）所附17曲之一。该曲在无锡正一道斋事活动中演奏花样多，用法较灵活。《闹龙船》是首江南民间流传甚广的风俗性民间器乐曲，杨荫浏先生在所编《阿炳曲集》之"乐曲说明"节中，就此曲锣鼓的弹法与小曲的衔接时说："他曾何等自由地创造地用他自己的乐句更有效地作为过渡与联络"，还说，"可惜所有出版的琵琶谱，都不见此曲的实例。因此阿炳此曲，更加显得十分可贵了。"

　　《霸王解甲》《春雷》显然是两首传统琵琶武套，前首可见于1819年无锡荡口华秋平所编上、中、下三卷《琵琶谱》之下卷，南派传谱，有引子、头段……金毛狮子等9段。后曲则在笔者所接触过的近现代江南各琵琶流派如平湖、浦东、崇明、上海诸派的传谱中，或《弦索备考》《檀槽集》（琵琶待刊本）、《闲叙幽音》，邱怀德《琵琶谱》抄本等传世的谱本里都没有见过此曲名。"轰轰起，撼山复震川"，气势如此恢宏的《春雷》似乎不同于《十面埋伏》《海青拿天鹅》，那究竟是何曲？凭借沙老与阿炳的交往，沙老在倾听阿炳的演奏时肯定询问过曲名，不太可能为了写诗而杜撰一个曲名，《春雷》究竟是何种曲子，阿炳怎么学会的，目前只能存疑了。

笔者结交了不少弹琵琶的锡派道乐高手，其中会弹"三六""行街"等丝竹乐和滩簧小调的很多，然而从来没有发现有会演奏大套琵琶曲者。但是阿炳能够熟练又创造性地掌握传统琵琶艺术。应该说，了解这些对研究和探索阿炳的艺术成就是很有益的。

笔者在学习杨荫浏先生《阿炳技艺的渊源》一文时看到这样一段："1950年秋天，有一个晚上，中央音乐学院民间管弦乐组的教师和同学们，在第一次听了阿炳的《二泉映月》的录音以后，曾有人提出一个疑问，说'阿炳有没有受到广东音乐的影响，因为在这曲中间，偶然也会令人感到稍微有些广东音乐的气息'。事后，我们调查的结果是，知道阿炳曾经从无锡一位业余演奏者学过《三潭印月》，但除此之外，他却并未从别的来源，学得别的粤曲。"① 就此问题，笔者留意过，阿炳是否诚如杨先生所言？

如前所述，早在20世纪50年代，笔者在参加华光国乐会的活动时，多位老先生常谈起他们与阿炳交流演奏粤曲的往事，他们会手把手地告诉阿炳《鸟投林》中的鸟叫怎样拉弓，《三潭印月》中的滑音如何运指，《饿马摇铃》《娱乐升平》等曲在扬琴上怎么加花音才更好听……

其实，阿炳很早就接触广东音乐了，民国二十七年（1938年）《新锡日报》7月10日第4版作者不详的《瞎子阿炳素描》②一文中

---

① 杨荫浏：《阿炳技艺的渊源》，文化部文学艺术研究院音乐研究所编《阿炳曲集：简谱版》，北京：人民音乐出版社，2003年，第10页。
② 此文见无锡市民族宗教事务局、无锡市史志办公室、无锡市锡惠公园管理处，等编：《道教音乐传人——民间音乐家华彦钧》，《无锡史志》编辑部（内部出版），2006年，第226页。

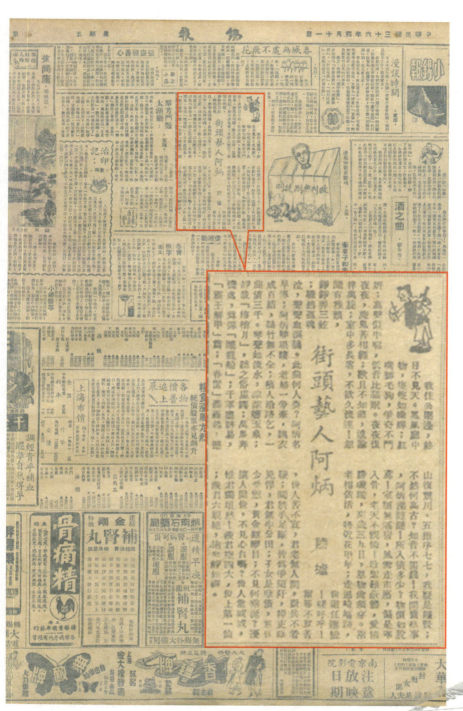

1947年4月11日《锡报》《街头艺人阿炳》（陆墟）

提到，"又能以胡挟之股间……有时作变徵之声，若欧乐梵哑铃，抑扬顿挫，极尽其妙，《到春来》《小桃红》诸曲，隔墙静听，忘其胡索"。《到春来》《小桃红》不就是广为流行的粤曲吗？阿炳极为聪明，用双腿挟着胡琴来模仿粤胡的风格，不也就是鲜明地印证了他自己所追求的功夫和神韵？20世纪初，广东音乐兴起，很快就风靡全国，苏南地区的百姓以欣赏粤曲为乐事，笔者在华光国乐会就先后学会数十首粤曲，阿炳的音乐是否受到过广东音乐的影响，有待于进一步研究。但是他要生存，要过日子，卖艺要取悦听众，所以学习演奏广东音乐是非常正常的事了。

从《瞎子阿炳素描》到陆墟五言，以及1949年前《锡山旧闻》所刊登与阿炳相关的文章中，尽管只是只言片语，但是从中不难窥见一个已经败落，历尽困苦磨难的道士阿炳，他出神入化的演奏技艺和他在精熟锡派道乐的基础上，广纳其他优秀的民族民间音乐，并化之为自己的音乐语言，让无锡老百姓所接受所喜爱。

华彦钧能取得如此大的艺术成果与影响，最主要离不开抚育他成长的这块有着异常丰富的民族民间音乐的吴地沃土，离不开他自幼从道后的勤学苦练，离不开他过人的音乐天赋，更离不开他苦难坎坷的人生经历。倘若阿炳九泉有知，他必定会欣慰于自己天天走街串巷拉奏的"讨饭调头"（《二泉映月》）居然成为当今华乐之经典，为国人所家喻户晓，且走向了世界！

附：关于阿炳的年龄主要有三种说法

从资料记录来看都讲是阿炳自己说的。但究竟哪一个可靠呢？笔者认为应该是下述之第一条杨荫浏说的为准，中国人人老后出生年月不一定记得，但是属相肯定不会弄错。1987年夏，笔者到阿炳户口所在地崇安寺派出所查过他的原始登记，登记册上就是杨先生所说的1893年。

一、见杨荫浏《阿炳小传》。"因为一个人的生年月日，他自己应该记得最为清楚。我问他生日，是在为他录音琵琶曲刚刚完毕，一起喝茶吃点心自由谈笑之时。他说了他的生日，我也说了我的生日。他说，'我是癸巳年，属蛇'。我说，'我是己亥年，属猪'。他开着玩笑，用算命人的口吻说，'己亥一冲，很容易记，不会忘掉'。"①

蒋宪基是位喜欢民族民间音乐、认识阿炳的无锡实业家，与杨先生关系甚好。1993年，我们一同参加"华彦钧（阿炳）艺术成就国际学术研讨会"时，他告诉笔者，"琵琶曲录音是一天下午在曹安和盛巷28号家的楼上录的，杨先生还对我讲了'己亥一冲'的趣事"。

二、见于民国二十七年（1938年）。《新锡日报》7月10日第4版，作者不详，《瞎子阿炳素描》文章尾段"阿炳目真盲目，纳云喷雾，瘾足，则为状至为。讯其岁。五十一，光绪丁亥生（1888年），今年五十有一矣"。

三、见于民国二十八年（1939年）。《新锡日报》"无锡八怪录"专栏，作者不律，《街头艺人瞎子阿炳》文章尾段："阿炳'害目'之上，偏戴眼镜，掩蔽其不佳双目也，自述光绪十四（1888年）丁亥生，属猪。今年五十有三岁，再吃半个多月饭，却是知命进四，尴尬货，需要再歇六年，此街头艺人，才能花甲初庆。"

---

① 杨荫浏：《阿炳小传》，文化部文学艺术研究院音乐研究所编《阿炳曲集：简谱版》，北京：人民音乐出版社，2003年，第1页。

阿炳的艺术渊源[①]

今年是杰出的民间音乐家阿炳100周年诞辰。一个在旧时代默默生活了50多年，有着坎坷经历，又曾被侮辱被损害、穷困潦倒的民间艺人，在去世之后，他的作品以其鲜明的个性，无限深邃的情感，为国内外音乐爱好者所熟知。他用巧妙的构思，生动的语言，简洁的形式，朴实的手法所创作的乐曲，受到越来越高的评价，被公认为我国民间音乐中最有生气，最有生命力的一部分。纵观中国现代音乐史，几乎没有一个民间音乐家能与阿炳相提并论。

近年来不少学者和专家，对阿炳本人及其作品做过研究，他们发现阿炳深深根植于江南民间音乐土壤之中，从常锡滩簧、吴地山歌、小调、江南丝竹、苏南吹打等中吸取了丰富的营养，并将它们融会贯通，创造性地加以发展而形成自己独特的艺术风格和旋律个性。

阿炳的技艺渊源在哪里？杨荫浏先生明确指出，"他音乐修养最初主要的基础，是出于道家的音乐，而且是出于家传"。[②]

众所周知，道教音乐的基本素材是历代民间器乐曲和其他民间

---

① 此文为1993年11月参加"华彦钧（阿炳）艺术成就国际学术研讨会"撰写，发表于《中国音乐学》，1994年第4期，此处略有改动。

② 杨荫浏：《阿炳技艺的渊源》，文化部文学艺术研究院音乐研究所编《阿炳曲集：简谱版》，北京：人民音乐出版社，2003年，第9页。

音乐，它是"中国民间音乐的收集者、传播者"①。阿炳出身于道士世家，幼年起即苦习道家音乐，成年后又以道士为职业，即便双目失明流落街头时，他还不时参加道教音乐的演奏。②从这个意义上讲，没有从道教音乐中吸取的营养就不会有阿炳后来的创作。

笔者近年来参与民族民间器乐的集成工作，在抢救、收集、整理流传于苏南地区的十番鼓曲、十番锣鼓的过程中，与老一辈道士和民间艺人有着广泛的接触，对于无锡地区道教宫观亦做过实地调查，现将有关情况分述如下，以更好地了解阿炳本人、理解阿炳的作品和研究他的创作。

一

自南北朝时期无锡始建清元宫，迄今道教在无锡的流传已1400多年。作为道士修行，供奉祭祀神灵，做斋醮祈禳活动的场所，无锡的宫观，自北宋至清代主要有洞虚宫、明阳观、玉泉观、铁索观等。其中以洞虚宫历史最为久远。洞虚宫原名清元宫，梁大同二年（536年）建于无锡东乡胶山，后因年久失修而废。约在宋大中祥符三年（1010年）改赐今额名"洞虚宫"，重建于城中心（市图书馆现址），宋庆历年间（约1041年）遭火毁。宋嘉祐初重建观宇。在清咸丰十年（1860年）再次遭毁。于清同治十三年（1874年）也就是阿炳出生前19年，洞虚宫又重建，重建后的洞虚宫三清殿设灵官、火神、雷尊、长生、祖师五所道院。其近现代道观主持分别为：

灵官殿：本一山房主持人——唐竹轩（道会司）——唐翰臣

火神殿：贞白山房主持人——居易斋——顾秋庭（道会司）——

---

① 引自柴本尧、姚征：《访杨荫浏教授》，见《无锡报》，1979年8月7日第4版。
② 据无锡道士伍一鸣回忆。

华伯扬

雷尊殿：一和山房主持人——华清和——华彦钧

长生殿：煮石山房主持人——陈莲君（道会司）——陈赓甫

祖师殿：珠碧山房主持人——荣筱园——荣渭生①

1947年无锡"十不拆"道乐名手赵锡钧（左三）等参加天韵曲社梵音组合影

  18世纪中叶至20世纪初，道教在无锡颇为盛行，许多活动已融合为民间习俗。以雷尊殿来说，每年农历六月是雷尊殿的香汛，称为"雷斋素"，届时川流不息的善男信女前来烧香跪拜。祈祷避免雷击，消灾避祸。雷尊殿犹如过节一般，连成群的乞丐亦前来"轧闹猛"，乞讨队伍从殿前一直延伸至现图书馆路口。② 遵照"祖遗"雷尊殿当家华清和与火神殿当家顾秋庭在《拨付依据》（1924年）共立"挨年轮值之雷尊殿香汛"。据火神殿客师尤武忠回忆："一年一度的香汛香客留下的锡箔灰、香烛、香钱是雷尊殿一笔好收入，一般可供当家主持吃两年。"此外，日常斋主来殿或外请做

---

① 参阅伍一鸣：《道教在无锡流传的概况》，中国人民政治协商会议、江苏省无锡市委员会、文史资料研究委员会编《无锡文史资料》（第18辑），1987年，第143页。

② 据无锡道士尤武忠回忆。

法事，当家从客师或外邀客师头上收利，靠着各项收入可知当时华清和能维持小康之家生活水准。这种吃用不愁的生活环境，为阿炳幼年学艺提供了良好的条件。华清和可以送阿炳进私塾，可以让阿炳接触各种乐器，可以让阿炳随他去做法事，参加斋醮仪式演奏，也可以凭着华清和雷尊殿主持的身份，以及阿炳本人卓越的音乐才能（这一点至关重要）在庆祝城隍生日的赛会上击鼓统领乐队演奏。阿炳十七八岁时已是闻名全城的"小天师"了。

阿炳年轻时长得很壮实，块头也很大。继承父业成雷尊殿的当家道士之初，生活条件仍然较为优越，作为主持道院忏务的当家人，客师还要观其眼色行事，小心翼翼侍候。① 后来阿炳染上吸毒宿娼之恶习，经济上才入不敷出，又加之双目失明不可能再主持法事，因而流落街头以卖艺为生，阿炳这才堕落到了社会最底层。灾难深重的旧时代，阿炳饱尝了人间的酸甜苦辣，受尽了欺压和蹂躏，他把这一切都融进了他赖以生息的二胡、琵琶之中，以个人悲惨遭遇之小不幸，吟猱扫弹创作出《二泉映月》《大浪淘沙》这样不朽的名曲之大幸。

阿炳的一生从没有离开过道院，虚龄8岁进雷尊殿当小道士，35岁双目失明，失明之前他曾主持道院忏务，失明之后他不能外出拜忏，但轮到阿炳收香汛时，他仍以当家道士身份主持雷斋素，收取香钱，据民国十九年(1930年)编写的《无锡年鉴》宗教部分记载：雷尊殿,址崇安寺,主持阿炳,常住院者一人,有房一间。1941年的《无锡报》载："图书馆前雷尊殿，今年由街头艺人瞎子阿炳值年经营。阿炳因该殿年久失修，雷神像坏，故特募捐重修，由邑人王君、李君等捐助，已将头门大殿修葺一新，雷尊神像亦已重塑，并定夏历八月初五开光，初六念佛……"又据抗战时期与阿炳为近邻的刘秀英说，她看到过六月雷神斋的热闹场面，从斋期开始，阿炳就不再外出卖艺，他坐在殿前桌子中间等候香客收取香汛。

---

① 据无锡曾在西门水濂道院做客师的王士贤回忆。

对道教音乐的执迷，使阿炳双目失明之后还不时参加道乐的演奏。1947年，有一次雷尊殿做四日谢天大忏，聚集了无锡地区各宫观，素负盛名的"十不拆"明阳观的朱勤甫（梆胡、鼓），水濂道院的王士贤（二胡），火神殿的尤墨坪（三弦），灵宫殿的王云坡（琵琶），铁索观的谢濂山（笛），梅村泰伯庙的田琴初（招军、云锣）等多名高手，阿炳应邀与他们一起演奏。当阿炳被扶上鼓位时（该位只有道乐高深，鼓技精湛的长者才能坐），他异常兴奋，他从容地摸了一下板鼓、同鼓的位置，又摸了桌边的星（双磬）、各（木鱼）、汤（七钹），提起鼓槌"扎扎 扎扎……"强奏的锣鼓点急如惊雷轰鸣，一套粗细丝竹细锣鼓曲《十八拍》奏响了。阿炳司鼓气

粗细丝竹细锣鼓曲《十八拍》（1990年摄）

势轩昂，明暗浓淡，轻重徐疾，他都得心应手。高手们的默契配合丝丝入扣，临近曲终第14段金橄榄的演奏精彩非凡，把气氛推至高潮，<u>丈丈</u>｜丈<u>正正</u>｜正丈｜丈正｜正丈｜正丈｜正<u>卒朴</u>｜丈

||,曲终赢得了满堂彩,"十不拆"个个情不自禁地为阿炳高超的技艺拍手称快。

阿炳学道而起,从道而终。1950年12月,阿炳患病身亡。他是身着"鹤氅",头上梳着道士发髻,按雷尊殿当家道士身份和待遇,供竖着由道人施泉根书写的"先祖师华彦钧霞灵位",葬在只有道士才能安葬的灿山"一和山房"墓地圈内。在他去世后29天,其堂兄华伯扬邀请了道士尤武忠、朱金祥、许坤沼、朱三宝、朱惠泉等人为他做"五七",在火神殿做了一日头道场,以祈求神灵保佑阿炳灵魂之安宁。

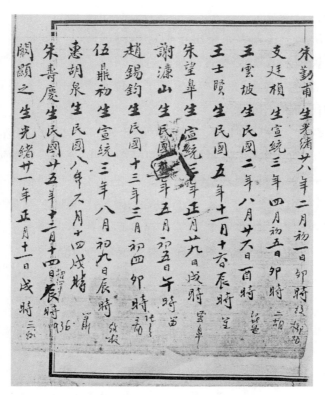

无锡正一派道士"十不拆"道乐高手生辰名单

20世纪70年代后期兴起的阿炳热,乃至在其后各种有关阿炳的研讨活动中,一些同仁对杨荫浏先生当初介绍阿炳失实之处,议论颇多。这里姑且不涉及《二泉映月》的定名经过及阿炳作品内容的解析。仅就把阿炳说成"便只能离开了道门，开始以卖唱为生"①，让华彦钧与宗教绝缘一事来看，杨荫浏向来与阿炳往来密切，"第一次是1911年，我曾跟他学习在三弦和琵琶上寻到'三六''四合'和其他一些曲调的弹法……最后一次是1950年夏间为他录音之后，他要我和他合奏一曲'三六'。"② 近40年的交往，难道杨先生真不清楚阿炳的身世？不清楚阿炳就是他笔下"从演奏者的阶级成分来看……能奏音乐的道士，是一般所谓'道众'与拥有庙产的'道会师'和'法师等不同'"③ 中的雷尊殿当家主持这一真实身份？

笔者认为，杨先生完全出于顺应当时的政治气候的考虑，才把阿炳推入民间艺人吹鼓手的行列。这样既救了阿炳，也救了《二泉映月》这首感人肺腑的佳作，标树了一位苦大仇深、不畏强暴、勇于抗争的民间音乐家形象。

时至今日，我们再也不会用20世纪50年代那种在作品与作者的阶级立场、政治态度及世界观之间简单画上一个等号的所谓"三段论法"和以划分阶级成分来衡量、评述人了。我们更不会因为华彦钧曾是一位有身份的当家道士，一个因染上某种恶习而破败，被无锡老百姓称为"倒头光"的人，而低估他作为现代杰出民间音乐家的地位，低估他的作品所蕴藏的极为深刻的内涵。

---

① 杨荫浏：《阿炳小传》，文化部文学艺术研究院音乐研究所编《阿炳曲集：简谱版》，北京：人民音乐出版社，2003年，第1页。
② 杨荫浏：《阿炳小传》，文化部文学艺术研究院音乐研究所编《阿炳曲集：简谱版》，北京：人民音乐出版社，2003年，第4页。
③ 杨荫浏，曹安和：《苏南十番鼓曲：大套器乐合奏曲》，北京：人民音乐出版社，1982年，第3页。

二

无锡道教属正一派，正一道士素以吹、拉、弹、打、念为做法事的基本技能。在斋醮法事中他们用独唱、吟唱、齐唱、鼓乐、吹打乐和器乐合奏等多种音乐形式，不断更换，灵活组合，恰如其分地表现出召神遣将、声势磅礴的场面，镇压邪魔、剑拔弩张的威风；盼望风调雨顺、求福祈愿的心情。清静无为、仙界缥缈的意境，为正一道派的仪式增添了庄严而强烈的气氛，给人以"耳听仙乐、眼观上界"之深刻印象。

正一派道士演奏唢呐曲《将军令》（1990年摄）

道士们所吹、拉、弹、打的音乐，主要分为"梵音"（十番鼓曲）和"锣鼓"（十番锣鼓）两大类。这些明代以来即在苏南地区流行的吹打音乐，内容丰富、结构繁复。时逢节日或庙会，农民们成群结队边走边奏，气氛十分活跃。清乾隆十五年（1750年），天师府娄近垣真人在他编辑整理的《清微黄箓设仪》后面,附有《金字经》《川拨调》《对玉环》《清江引》《园林好》《十八拍》《隔凡》(即中走马)、《浪淘沙》《一封书》《桂枝香》(即前桂枝香)、《环山水》《梅梢月》《效丈》《步步高》《扑灯蛾》《碧桃乐》《玉娇枝》等数曲。这些从古代祭祀音乐、地方戏曲和民间曲牌中吸取而来的音乐,在苏南正一道士的手抄本中,乐谱总名称改为《钧天妙乐》。

以行符箓为主要特征,奉持《正一经》为经典的正一道派,道士可以有家室,可以不出家,不住宫观,清规戒律也不如全真道派严格。无锡地区除少数职业道士外,大部分是来自农村的两类道士,一是农闲时做"待招"(也叫堂名),又兼学道教经忏,在斋醮中当道徒,为法师做法事伴奏音乐。二是学会了经忏,农闲时到正一道观或道院中去做客师,此类称作"敷应道士"。这些人长期生活在农村,对滩簧、山歌、小调、丝竹音乐、说唱音乐等非常熟悉,他们把最生动的民间音乐带进了道乐之中,一改以往道乐的低沉平乏,祭祀"礼乐"的冷清。明末清初的叶梦珠在《阅世编》卷九中,列举童年所听到的道教音乐,与晚年所听到的道教音乐之差异时,惊叹晚年所听所看的"引商刻羽,合乐笙歌,竟同优戏"①。音乐在斋醮仪式中占有重要比重,乐手技能高低当然直接影响宫观和道士的声誉,也影响他们的收入。从一日道场到七日大忏所奏曲目是不能重复的,手中不掌握数十套梵音锣鼓,就连最下手敲敲小钹的座位都坐不上。

华清和以好音乐而名闻全城,会奏各样乐器,尤精琵琶,素有"铁手琵琶"之美称,他还与无锡城里以清唱昆曲自娱、颇具名声的"天韵社"交往密切。华清和良好的音乐修养为阿炳早初学艺奠定了最坚实的基础。学好手艺(指掌握各类乐器和经忏)才能出人头地,才能承袭雷尊殿香火的想法,使华清和从阿炳一踏进道院门

---

① [清]叶梦珠撰,来新夏点校:《阅世编》,北京:中华书局,2007年,第206页。

槛，就极为严格地管教和要求于他。

正一派道士演奏梵音正套《满庭芳》（1992年摄）

  道教音乐的学习固守着一套旧法，小道士要从敲翁钹（铙钹）、骨子（小钹）开始，然后敲击小锣、木鱼，在对道乐有所熟悉之后，先吹竹笛，曲目往往是《步步高》《清江引》《醉仙戏》。练习是艰苦的，平时笛尾要挂上一个秤砣，以此来增强腕力。夏练三伏，汗水如注；冬练三九，越是寒冷的天，越是要顶风而吹，手指从僵硬而活动"还醒"至热，要练到笛尾挂上一串冰凌（因吹气遇冷凝成水，又冻成冰）为止。小道士白天跟道班外出做法事，晚上回来后尚要再练，为了怕困，还得站在长凳上吹。① 学会了竹笛，再吹笙，或吹唢呐或练丝弦乐二胡、琵琶、弦子……击鼓则要精通了所奏道乐，掌握了各种斋醮仪程之后所涌现的技能出众者才能担任。

---

① 据无锡道士伍鼎初回忆。

阿炳挂着秤砣学吹竹笛,手持铁筷子击方砖,苦练击鼓技艺,练习拉二胡,指尖经常磨出血。他的勤奋和他的艺术灵气,使他在16岁时,已全部学会道教音乐中的梵音、锣鼓、吹、拉、弹、打无不精通。① 江南民间流传着一句谚语说"出一个秀才容易,出一个佳(能干)道士难",由此可见,阿炳能脱颖而出是多么不易!

当时无锡道教界,演奏乐器的高手层出不穷,东亭乡高新甫、谢梅初、谢桂初,旺庄乡袁亭枚,新安乡尤庭芳,张泾乡朱逸亭,梅村陆逸卿等,这些比阿炳年长的道乐名家,与阿炳过从甚密,常常磋切技艺,每年农历九月十三至十五日,在新城隍庙,举行祈祷国安民丰,圣会大忏三天,阿炳经常和他们一起演奏,② 在名师的热情指点下,阿炳的技艺日趋成熟了。

建坛(前排中为法师许鹤昆)(1992年摄)

---

① 据无锡道士伍一鸣回忆。
② 据无锡道士谢濂山回忆。

阿炳少年时期就养成的对道教音乐孜孜不倦地研习和对演奏道乐严肃、一丝不苟的态度,直到他晚年,甚至流落街头之后,他仍然执着地坚持。阿炳在胡琴和琵琶上会玩许多杂耍性的自然音响模拟,然而若有某一位"音乐内行"或是他的道家同行要他耍弄时,"他似乎觉得是轻视了他的音乐,往往现出失望和不高兴的神情,而加以无情的拒绝,他说,'你要听这些东西干吗?我希望你赏识的,是功夫(指技术)和神韵(指表达力量)啊!'"①

20世纪40年代中期,紧挨雷尊殿的火神殿来了一些初学艺的小道士,崇安寺里丰富多彩的各类民间艺术表演如卖梨膏糖、耍猴、说书,对于这些少年不无诱惑。而斋醮仪式中之济度亡灵的"施食"场面和经忏、梵音、锣鼓一做就要两三个小时。小道士们

步罡(罡毯中为法师尤武忠)(1992年摄)

---

① 杨荫浏:《阿炳小传》,文化部文学艺术研究院音乐研究所编《阿炳曲集:简谱版》,北京:人民音乐出版社,2003年,第3—4页。

为了及早做完好外出玩耍,就故意把原是一板三眼节拍徐缓演奏的音乐,抽眼加快成一板一眼来演奏。每逢此时就会传来"公"的大声怒斥:"贼坯!又想偷懒了,奏得介快去做啥?还不放慢。"阿炳边喊边摸索着走过来,随手抄起一件乐器,不管是弦子还是胡琴,统领着乐队忘情地演奏起来,此时小道士们只能默不作声,乖乖地跟着他的音韵,道道地地把音乐演奏完。

三

综上所述,无锡正一派道士有两个明显的特点:

(一)道士从小就要花费大量时间习艺,这种习艺从教授形式到学习内容,有一套代代沿袭的程式,几乎和近代戏曲科班的学习相差无几。其中主要的是学会演奏各种乐器,为此,道士们个个都是多面手。

(二)正一派道教音乐在宗教仪式——斋醮法事中的运用是贯穿性的,道教音乐的内容务必形式多样而丰富。

阿炳自进雷尊殿第一天起至患病身亡,经历了学艺—学成—创作三个阶段,数十年道教音乐对他的熏陶,无不对他的艺术生涯产生过积极影响。

(一)在以清心洁身,设坛摆供、焚香、化符、念咒、上章、诵经、赞颂又配合禹步等斋醮仪式中,唱赞、颂偈、念经是非常重要的内容。这些源于民歌、戏曲的声腔和与古典诗词韵律有着密切联系的辞章经文,要求一个称职的道士必须初通文理、门齿伶俐。演唱道曲时要嗓音清亮,抑扬有致,层次分明。崇安寺的滩簧,说因果等固然滋养过阿炳的演唱才艺,但是这位人称能说会道,自编自演,边拉边唱的"巧嘴阿炳",他说新闻的基本调,是以道教音乐朗诵腔改编而成的,前两句采用"起忏"朗诵腔,后两句是"十六召"的诵腔。四句合成一曲。

阿炳不但从朗诵腔中衍化说唱新闻调，据道士许鹤昆、谢濂山回忆，道教经忏中的唱赞和颂偈原调，阿炳亦是时常依据编词内容和情绪需要而照搬说唱。如斋醮仪式中的"施食"，临近结束"五柱经"之后的"赞三宝"等。

流畅的曲调和节奏明快的吟唱，使得阿炳表演时十分生动。

（二）道教音乐（十番鼓、十番锣鼓）演奏时，鼓手是整个乐班的灵魂，这一灵魂不仅指他在乐队中的统率指挥作用，更主要是必须具备高深的击鼓独奏技艺。鼓点的疏密、力度的轻重、音色的明暗、鼓心鼓边、点扑满扑的色彩变换和交互作用，以及"拆"的运用，使苏南吹打的鼓艺在我国民间器乐音乐中独具风采。

谱例1：

谱例2：

阿炳用铁筷子敲击方砖练就的童子功，使他成为鼓艺超群的击鼓手，他从道乐中学到的鼓技，又在他用民间乐曲改编的琵琶独奏曲《龙船》中得到了生动的体现。《龙船》是一首表现江南民间旧历五月初五端午节龙船比赛时热烈欢腾的场面和人们愉快喜悦心情的风俗性乐曲，阿炳在乐曲一开始就用琵琶指法扫、弹、挑、轮、弹面板来模仿做道场每天必奏的开场"法鼓三通"。

谱例3：

琵琶第三把位老缠弦上浑厚的音色，在×× ×× ×× ××强有力密集的节奏自慢逐渐加快，自强转弱再转强的弹挑中，绝妙地模拟了苏南内膛直径140毫米的板鼓音响。紧接二通。

谱例4：

在击鼓之后，马上跳至三把位的 re 音，左手稍带推挽的演奏犹如清亮的小锣声，突转慢二拍后又突转每分钟176拍速度的仓七七 七七乙七，推进了热烈气氛的渲染。三通击鼓后紧接大段锣鼓。

谱例 5：

在 3/4 仓七七 七七 乙七、4/4 仓七七 台台 七台 乙台、2/4 仓台 乙台

苏南锣鼓惯常用的七、五、三、一锣鼓声中划出了"一条龙船来哉！快来听，快来听"①，阿炳巧妙地运用弹分汇组指法，均匀地弹奏，寓意划船的人们同心协力、动作一致的情景。第三段锣鼓声阿炳用琵琶模拟。

谱例 6：

谱例 7：

---

① 据祝世匡回忆。

左手"煞"的指法，将纯乐音变成煞声。他借鉴了十番锣鼓中常用的锣钹闷击技法来增强音响上的紧张度。

谱例8：

琵琶用满轮技法表现的炽热情绪，明显反映了阿炳在演奏十番锣鼓粗吹锣鼓曲时的宏长气势。

据无锡西门水潦道院主持伍麟趾之子，已故西河30世孙、法号为罗性的伍一鸣道士回忆，正一派道士常借鉴十番锣鼓作基础，把锣鼓段落分拆开，插入昆曲曲牌或江南小调和小曲等各种曲调。阿炳改编的《龙船》用模拟锣鼓，灵活地串联"下盘棋"等三首民歌和丝竹乐中"四合"的片段，清楚地表明了道教音乐对阿炳创作的影响。

（三）二胡在苏南传统戏曲和说唱中，习惯用单把位演奏，阿炳在他创作的《二泉映月》和《听松》等作品中，大大地拓宽了二胡在把位方面的演奏领域。例如《二泉映月》。

谱例9：

激愤辉煌的音调将演奏把位推至第五把。这种开拓最重要的原因固然是源于阿炳渴求用最强烈的音调，来展示他火样的思想情

感。从另一个角度来看，下列几方面也许帮助了阿炳，使他触类旁通，能顺应乐思的发展驰骋于二弦之中。其一，由于自幼对道教音乐严格的苦习，阿炳成了精通吹、拉、弹、打乐器的多面手，特别是琵琶、三弦等多把位乐器的练习，使阿炳从小就不受乐器把位之约束。其二，无锡地区道士所做法事的唱腔中，常有D—G、C—F、D—A等调式交替，如《九阳梵炁灯科》（关灯仪式第三段）。

谱例10：

道士们要唱七段，俗称"翻七调"。第一段三个头①（D），第二段六个头（G），第三段二个头（C），第四段五个头（F），第五段一个头（B），第六段四个头（E），第七段闷上调（A），第七段唱词为"应位感灵素，命道旋回纶，庆此婴儿蜕，稽首赞同文"唱完，再返回第一段。这段调式交替和转调，势必要求二胡演奏乐手学会换把技法。其三，阿炳善于"在胡琴上模仿鸡鸣狗吠、各种禽鸟的歌声、男女哭笑叹息和用无锡土白讲话的声音"②。传统单把位演奏是无论如何也"叫不出、讲不出"的，唯有吟猱于千斤与琴码之间，才会有那种惟妙惟肖的效果。

---

① 无锡道士称按笛孔的手为头，三个头即开三孔以此定调。
② 杨荫浏：《阿炳小传》，文化部文学艺术研究院音乐研究所编《阿炳曲集：简谱版》，北京：人民音乐出版社，2003年，第3页。

（四）《二泉映月》的创作素材融合了锡剧音调、民间小调，甚至接受了20世纪30年代流行于无锡城里的广东音乐的影响。其中较为明显的还是阿炳作为道士，最早学会和做道场天天一早便要演奏的小型十番鼓曲《醉仙戏》。

从两谱对照中不难看出两曲之间密切的关系了。

笔者在学习道教音乐的过程中，还发现北京白云观用管子独奏的道曲《返魂香》，其哀婉凄楚的曲调，与《二泉映月》的情绪、风格相近，一些特性音调与动机也相仿。

尽管两曲地分南北，派分全真、正一，但它们都归属中国道教这一同宗，故阿炳受其影响，有所相承亦属情理之中。

（五）杨荫浏先生在介绍华彦钧乐曲时说："关于阿炳所奏的曲调的来源，常是一个哑谜。……若一定要他勉强回答，他便随口说'也许是从道家学来的吧''也许是从僧家学来的吧''也许是从街上听来的吧'等等。"① 阿炳所传六首乐曲，他自己究竟怎么说呢？

谱例11：

---

① 杨荫浏：《乐曲说明》，文化部文学艺术研究院音乐研究所编《阿炳曲集：简谱版》，人民音乐出版社，2003年，第4页。

谱例12：

（一）《大浪淘沙》："这曲原是道家的《梵音》合奏曲牌，是给他在琵琶上弹奏，而加进了琵琶的技术的。"①

（二）《昭君出塞》："原来是琵琶曲，是华雪梅教给他的。"②

（三）《龙船》："这曲《龙船》中所用的四段曲调，是《下盘棋》等三个民歌和合奏曲《四合》中间的一段。"③ 另据无锡县张泾乡道士赵锡钧回忆，"40年代后期，一次阿炳约我一起到雷尊殿拉弹《三六》，二人合奏之后，阿炳说，'我弹首《龙船》你听听，这是我在茶楼听评弹艺人王琴芬弹后学会的'"。

（四）《二泉映月》："这曲原来是道家的唢呐曲。"④

（五）《寒春风曲》："这是道家失传了的《梵音》曲调。"⑤

（六）《听松》："这曲是宋时有一个和尚做的，原来的名称，就

---

① 杨荫浏：《乐曲说明》，文化部文学艺术研究院音乐研究所编《阿炳曲集：简谱版》，北京：人民音乐出版社，2003年，第5页。
② 杨荫浏：《乐曲说明》，文化部文学艺术研究院音乐研究所编《阿炳曲集：简谱版》，北京：人民音乐出版社，2003年，第5页。
③ 杨荫浏：《乐曲说明》，文化部文学艺术研究院音乐研究所编《阿炳曲集：简谱版》，北京：人民音乐出版社，2003年，第5页。
④ 杨荫浏：《乐曲说明》，文化部文学艺术研究院音乐研究所编《阿炳曲集：简谱版》，北京：人民音乐出版社，2003年，第6页。
⑤ 杨荫浏：《乐曲说明》，文化部文学艺术研究院音乐研究所编《阿炳曲集：简谱版》，北京：人民音乐出版社，2003年，第7页。

叫《听松》;他是跟一位惠泉山寺院里的和尚学来的。"①

从上述所知,阿炳所传六曲,有五曲据他自己讲与道僧有关。对于阿炳的自述我们不可能全部信以为真,但是也不能说阿炳自己这样讲就没有一点道理,或用"难以置信"将其一概否定。

既然他音乐修养最初主要的基础,是出于道家的音乐,而且是出于家传。那么道教音乐对他的影响,如他数十年的经忏、课诵、丝竹、锣鼓等应该说是根深蒂固的。

结构繁复、技法艰深的道教音乐,在曲体方面灵活多变,板式亦是变化多端,各种乐器自有一套加花减花的方法,疏而不感凋,密而不觉烦,疏密相称,在音色力度等方面的处理更是十分细腻。半拆、单拆、双拆,中板梅花拆的交替,使曲调充满了生气。

这对于阿炳学习音乐的启蒙、成熟乃至创作,从艺术的量、艺

飞钹(赵锡钧道长表演)

---

① 杨荫浏:《乐曲说明》,文化部文学艺术研究院音乐研究所编《阿炳曲集:简谱版》,北京:人民音乐出版社,2003年,第8页。

术的难度、艺术的深度来看绝非滩簧、说唱、小调所能抵及的。

阿炳在艺术创作中,学习、借鉴、融会了道教音乐和民间音乐常用的手法,在旋律的素材上、曲式结构上、节奏节拍上、音阶调式上、音区力度上、演奏技巧和发展手法上均创造性地加以突破,以"功夫和神韵"相结合,创作了六首乐曲,其中有五首应该说与道僧的音乐关系密切。

这里不妨摘引杨荫浏在论述十番笛吹粗锣鼓曲《下西风》乐曲说明中的一段话:"本曲所用伴奏笛腔,相传与《长生殿·弹词》折《转调货郎儿》中《九转》之曲调有着关系。原始谱已与《弹词》唱谱有着相当出入;实际演奏谱,出入更大,以致使人极难看出两者之间的渊源关系。经过长期的集体加工,一个原来的曲调,渐渐改变面貌;有的改变多了,终至难于辨认——这是民间曲调的衍变的过程中经常遇到的情形。"①

串　方

---

① 杨荫浏编著:《十番锣鼓》,北京:人民音乐出版社,1980年,第97页。

联系到阿炳的艺术创作,"也许是从道家学来的吧","也许是从僧家学来的吧"①,经过他长期的加工,终至难于辨认了。从某种意义上讲,这不正印证了这一民间音乐衍变的传统吗?

结　言

中华文化史上,流行过佛教、伊斯兰教、基督教等多种宗教,但它们都是从异邦移植来的,真正土生土长的本民族的是道教。道教以鲜明的"中国特色"长久作用于民族文化心理、风格习惯、科学技术,以及社会政治经济生活的广泛领域,正因为如此,鲁迅才说:"中国根柢全在道教。"②

阿炳从道终身,道教文化在他一生的艺术活动中无疑占据十分重要的位置。道教音乐犹如肥沃的土壤,犹如乳汁一般滋润着他、孕育着他,并奠定了他艺术创造的深厚传统修养和技术基础,使他自幼对民族民间音乐怀有极为深沉的爱。

道教所推崇的"神仙"之一,是有着古代武官打扮,豹头环眼,黑面虬髯,身穿大红官袍,足蹬皂靴,手持利剑的钟馗,他那生性刚烈、驱邪镇魔的形象,和同样具有镇魔娱神功能、强奏如雷霆万钧的十番锣鼓音乐,不能说不对阿炳的为人、性格形成和他作品中那不畏强暴、敢于抗争的精神有所影响。

为了追求长生不死、企盼社会和谐与安宁,道教所构筑的"神仙乐园"集人间理想生活的美之极致,"登虚蹑景,云舆霓盖,餐朝霞之沆瀣,吸玄黄之醇精,饮则玉醴金浆,食则翠芝朱英,居则瑶堂瑰室……"③ 对于渴望美好生活、寻求精神慰藉的阿炳来说,

---

① 杨荫浏:《乐曲说明》,文化部文学艺术研究院音乐研究所编《阿炳曲集:简谱版》,北京:人民音乐出版社,2003 年,第 4 页。
② 鲁迅:《鲁迅全集》(第 9 卷),北京:人民文学出版社,1958 年,第 258 页。
③ 王明:《抱朴子内篇校释》,北京:中华书局,1985 年,第 52 页。

不能说在思想上没有产生过一定作用。

阿炳是一个道士，一个败落的道士，他的一生与道教密不可分。可以这么说，离开了道教，也就不可能有阿炳，不可能有他扬名四海的《二泉映月》。我们在赞颂阿炳非凡的音乐才能的时候，在评述他的作品的无法估量的艺术价值的时候，应该看到在我国灿烂的民族文化中，道教文化这一支脉，这一具有特定意义的"根"。

2010年钱铁民在无锡道教音乐馆介绍阿炳的生平

关于阿炳[①]

  1950年夏，时处天津的中央音乐学院民族音乐研究所，有两位无锡籍的民族音乐家，所长杨荫浏与研究员曹安和回到了家乡。9月2日晚，在城中公园附近的三圣阁，他们正为一位擅长演奏胡琴、琵琶的盲人道士录音。

  准备就绪之后，杨先生问这位道士：

  "先生是先拉胡琴，还是先弹琵琶？"

  道士提起放在膝上的二胡说：

  "先拉胡琴吧。"

  数声调弦之后录音开始了，深沉而激越的琴声从道士指间流淌出来，六分多钟后全曲结束，杨先生提问：

  "先生，这首乐曲叫什么名字？"

  道士答曰：

  "没有名字，是我信手瞎拉的，辰光（时间）长了也就成了这个样子。"

  杨先生又问：

  "那么你常在什么地方拉？"

  道士说：

---

① 此文发表于台湾《北市国乐》，2003年第191、192期，此处略有改动。

"我常在街头上拉,在惠山泉庭上拉。"

杨先生脱口而出:

"那就叫《二泉》吧。"

在录音现场有位无锡华光国乐会的祝世匡先生,他听后紧接着对杨先生说:

"光名《二泉》不像个完整的曲名,粤曲里有《三潭印月》,是不是可以称之为《二泉印月》呢?"

杨先生说:

"'印'字抄袭得不够好,我们无锡有个映山河,就叫它为《二泉映月》吧!"

录音的道士当即点头同意。自此,一首名为《二泉映月》的二胡曲就诞生了。① 那位讲自己用胡琴瞎拉瞎拉的道士,出生于1893年农历七月初九,他是无锡道教洞虚宫雷尊殿的当家主持华清和,与以帮佣为生的吴氏的私生子。按照当时的说法,这孩子生辰八字缺火,其父就从"南方丙丁火"中取"丙"字并添"火"字旁为他取名"阿炳"以讨吉利。阿炳3岁时,六十一代张天师来无锡巡视,应华清和的请求,又为他起了一个道名华彦钧。② 阿炳出生后不久,其母被胁迫回秦家,终日抑郁,不久即去世。华清和没有办法带着一个嗷嗷待哺的孩子,就把他送到老家无锡东亭小泗房村托亲戚哺养。东亭是一个民间音乐十分丰富的地方,四句头吴地小山歌、长篇叙事歌、滩簧、说因果、丝竹乐广为流传,阿炳自幼被这些鲜活又多彩的乡土音乐耳濡目染。阿炳8岁那年华清和把他接回城里,在雷尊殿当一名小道士。从他跨入道院的第一天起,道教就伴随了他的一生,为此要谈及阿炳的身世是离不开道教的。道教传

---

① 参阅祝世匡:《二泉映月定名的经过》,《无锡报》,1979年8月14日。

② 见褚洪深:《张天师赐名"彦钧"考疑》,无锡市民族宗教事务局、无锡市史志办公室、无锡市惠公园管理处,等编:《道教音乐传人——民间音乐家华彦钧》,《无锡史志》编辑部出版,2006年,第205页,"……最佳选择莫过于恩溥他爷爷,六十一代天师张仁晟赐名价值更高。"

入无锡大约在公元 6 世纪之前,据《无锡金匮县志》记载,南朝梁武帝天监年间(502—519),梁大同二年(536 年)道教徒即于无锡灿山南坡和东乡胶山分别始建"洞虚宫"与"青元宫"。据民国十八年(1929 年)《无锡公安年鉴》记载,当时无锡地界有道院 78 所,其中规模较大的有"洞虚宫""青元宫""玉皇殿""铁索观""泰伯道院"等。锡派道教有正一、全真两大法派,从道院规模、道徒人数和社会影响来看,正一派占主要位置。阿炳隶属正一法派,以符箓斋醮为特色的正一派道士素以吹、拉、弹、打、唱、念、做为法事的基本技能,在斋坛上他们用独唱、吟唱、齐唱、鼓乐、吹打和器乐演奏等多种形式,前后贯穿法事内容,并不断更换,灵活组合。以恰如其分地表现出召神遣将,声势磅礴的场面;镇压邪魔,剑拔弩张的威风;盼望风调雨顺,求福祈愿的心情;清静无为,神仙飘渺的意境。诚如明末清初叶梦珠在《阅世编》卷九中,惊叹晚年所听所看道场时说:"引商刻羽,合乐笙歌,竟同优戏。"①

  雷尊殿是一所规模很小的道院,然而当家主持华清和在锡派道乐界却颇负名气,他精通正一道梵音,锣鼓的演奏(两种独立的器乐演奏乐种)、笛、笙、胡琴、三弦、鼓,样样都奏得很好,其中尤以琵琶最精,因其指力强劲,素有"铁手琵琶"之美称。华清和对阿炳的管教是严格的,按照道教沿袭的习艺方式,小道士从道一般从敲击打击乐开始,先敲翁钹(铙钹)、骨子(小钹),后再敲击小锣、木鱼,在对道乐有所熟悉之后,再吹竹笛,曲目往往是《步步高》《清江引》《醉仙戏》,然后学习笙、唢呐或者二胡、琵琶等。阿炳学习非常刻苦,非常认真,他手持铁筷击方砖,苦练击鼓技艺,练习二胡时手指尖常磨出血;学吹竹笛时为了增强腕力,在笛尾挂一个秤砣以增加重量,夏练三伏,汗水如注;冬练三九,越是寒冷的天,越是要顶风而吹,手指僵硬,活动后"还醒"至热,

---

① [清]叶梦珠撰,来新夏点校:《阅世编》,北京:中华书局,2007 年,第 206 页。

要练到笛尾挂上一串冰凌（因吹气遇冷凝成水，又冻成冰）为止。他白天跟华清和外出接做斋事，晚上回来后还要再练，为了怕困，就站在长凳上吹……①

阿炳以他的勤奋和灵气，在他十六七岁时，就已经学会了结构繁复、技巧多变的梵音、锣鼓。吹、拉、弹、打、唱、念、做样样过硬。那时的无锡道教界活动颇多，时逢道教节日，岁时节令，或地方民众集会如救灾设坛、打公醮、打火醮、求雨忏，或举办施米、施药等慈善性义举，道教徒都参与以表现道教"扶助孤弱，济人利物"之具有普遍意义的伦理规范。华清和常常带阿炳参加这些圣会大忏，由他自己和让众多道乐名师点拨阿炳，阿炳虽然年纪不大，但在庆祝城隍生日的赛会上已经能击鼓统领乐队演奏了。阿炳的嗓音清亮，口齿伶俐，经赞都唱得不错，为此，小小年纪已是闻名全城的"小天师"。② 阿炳二十一二岁时，华清和去世，他继承父业，成了雷尊殿的当家道士，作为主持道院忏务的当家人，客师还要观其眼色行事，小心翼翼伺候。③ 每年农历六月是雷尊殿的香汛，称为"雷斋素"，遵照"祖遗"，雷尊殿当家华清和与火神殿当家顾秋庭在《拨付依据》（1924年）共立"挨年轮值之雷尊殿香汛"。据原火神殿客师尤武忠回忆：

"一年一度的香汛，香客留下的锡箔灰、香烛、香钱是雷尊殿的一笔好收入，一般可供当家主持吃用两年。"

此外，日常斋主来殿外请接做法事，当家道士从客师或外邀客师头上收利，靠各种收入，阿炳当时是能够维持小康之家的生活水

---

① 笔者于20世纪70年代中期走访过无锡地界和阿炳有过接触的人。80年代后期起，笔者因主持无锡市民间器乐集成工作，组织和开展了不少活动，尤其在抢救无锡道教音乐的过程中结识了一些比阿炳稍晚但较了解阿炳的锡派道乐高手。本文引用了他们的回忆。此据无锡道士伍鼎初回忆。

② 据无锡道士伍一鸣回忆。

③ 据无锡曾在西门水濂道院做客师的王士贤回忆。

准的。① "阿炳年轻时长得很壮实，块头也很大",② 但是不久便染上了吸毒和嫖娼的恶习，由梅毒而引起的眼疾，起先只是染上一只眼，二十六七岁的他并没有检点自己，仍然是"乐在其中"。

斋事的承接越来越少，香汛的收入也经不起他的花费，到了三十四五岁时眼疾加剧，以致双目失明。此时的阿炳基本丧失了做事的能力。病痛、贫困像两座山压着他，阿炳开始变卖做斋醮用的法器和道具，后来把父亲留下来的三间房子卖掉两间，自己住一个小破间，生活穷困潦倒。

落魄到这种程度，阿炳靠什么来生活呢？算命他不会，讨饭他又不肯，只能操起自己从道学来的本事，走上街头，靠卖唱、奏乐为生。流落在街头的阿炳戴一副掉架的破墨镜，胸前、背上挂着笙、笛、琵琶等乐器，手里拉着胡琴或拿着"三跳"（类似"说因果"用的三片竹片）穿巷走市。阿炳当时并没有忘记他曾是雷尊殿的当家主持，是有过"一定身份"的人，他上茶馆走酒楼卖唱与一般"叫花子"不同，"他从来没有随便地收取过人家一个施舍的大钱；他是纯粹靠演唱来维持生活的；他从来没有做过向人乞怜的样子；人家叫他奏，他才奏，人家给他报酬，不管多少，他并不道谢，也不争多嫌少；有的人家请他奏唱，即便不给他钱，他也一样很高兴地奏唱"。③

他每天去香烟铺子或地摊上，叫人家讲新闻，上午听到下午就合着音韵、有板有眼地唱，崇安寺"三万昌"茶馆是他常去的地方，无锡的老百姓都知道，有个瞎子阿炳会拉会唱，而且演得出色。

尽管阿炳因双目失明而沦落街头，但是他并没有离开雷尊殿，他仍以当家道士的身份主持雷斋素，收取香钱，据1941年《无锡

---

① 据无锡道士尤武忠回忆。
② 据无锡画家朱宗之回忆。
③ 杨荫浏：《阿炳小传》，文化部文学艺术研究院音乐研究所编《阿炳曲集：简谱版》，北京：人民音乐出版社，2003年，第2页。

报》载：

"图书馆前雷尊殿，今年由街头艺人瞎子阿炳值年经营，阿炳因该殿年久失修，雷神像坏，故特募捐重修，有邑人王君、李君等捐助，已将门头大殿修葺一新，雷尊神像亦已重塑，并定夏历八月初五开光……"

阿炳的近邻刘秀英也说过：

"从斋期开始，阿炳就不再外出卖艺，他坐在殿前桌子中间等候香客收取香汛。"

阿炳才艺出众，他不仅奏乐、说唱，还自己编唱，以说新闻为例：每段新闻开头都有一个固定的引子，四字一句共四句，"说起新闻，话起新闻：新闻出嘞（在），啥个地名？"

然后再娓娓道出"正文"，他唱的"说新闻"形式活泼，语言风趣，能随时穿插"噱头"，即便是严肃的主题内容，也能使人有轻快滑稽之感。① 而且阿炳爱憎分明，面对社会上形形色色的邪恶势力他不怕，只要被他听到，他就敢于揭露敢于抨击，恶绅顾艺初强奸婢女，婢女家人赶来城里评理，被顾某拒之门外，告上法院又被买通投诉无门，阿炳就将此事编成新闻：

"……财主黑心，禽兽畜生；法院眼睛，只认白银；百姓倒霉，有冤难伸；瞎子阿炳，抱打不平。"②

他的编唱传遍全城，引起公愤，吓得顾某销声匿迹，多时不敢公开露面。"四一二"政变之后，无锡的反动派血洗市总工会，阿炳随即编唱《秦起血溅大雄宝殿》以歌颂工人领袖，痛斥反动派的暴行。"九一八"事变发生后，他编唱《抗日名将马占山》。十九路军在上海孤军抗敌，他编唱《十九路军英勇抗战》。抗战期间，他

---

① 钱惠荣：《从"说新闻"看瞎子阿炳的曲艺才能》，阿炳艺术成就国际研讨会组委会编《阿炳论——民间音乐家阿炳研究文集》，北京：中国文联出版公司，1995年，第171页。

② 钱惠荣：《从"说新闻"看瞎子阿炳的曲艺才能》，阿炳艺术成就国际研讨会组委会编《阿炳论——民间音乐家阿炳研究文集》，北京：中国文联出版公司，1995年，第175页。

编唱《汉奸没有好下场》《枪打沙秃子——阿大》。抗战胜利之后，当局发动内战，物价飞涨，民不聊生，阿炳就编唱《金圆券害煞老百姓》：

"金元券，满天飞，花花绿绿'好东西'。早上可以买头牛，晚上只能买只鸡……"①

无锡城里不少听过阿炳"说新闻"的长者，至今都回忆得出他绘声绘色、眉飞色舞演唱的情景，记得他唱编的曲目，如《黄慧如与陆根荣主仆相恋》《袁世凯梦想做皇帝》《枪毙上海流氓阎瑞生》《蔡云坡云南起义》等。

阿炳卖艺所唱的腔调非常动听，这些朗朗上口的曲调，有小曲，有滩簧，有宣卷，有取自道教的唱、赞，如"说新闻"的四字句就吸收了道教《起忏》"十六召"的音调。他又融合了滩簧中的"文书调"，道曲《赞三宝》曲调流畅，顿挫有致，常常被阿炳填词翻唱。② 阿炳的奏乐也很有特色，据道士伍鼎初回忆，阿炳用琵琶弹《龙船》时，情景蛮生动，他用琵琶模仿敲锣鼓，一段"三通鼓"后，阿炳会抬起头来，做出朝前看的姿势，高声喊道：

"看啊，头一条龙船来了。"

所谓的一条龙船其实就是阿炳在锣鼓段后夹插的一首小曲，小曲刚完，又一通锣鼓，阿炳会再抬头高喊：

"看啊，又一条龙船来了。"

他边喊边忘情地弹奏，围观的群众都被他精彩的表演吊起了胃口（指吸引）久久不肯离开。③

阿炳在二胡上有一手"绝招"，即用胡琴来模仿鸡鸣狗吠，模仿男女的哭笑声、叹息声和用无锡土白讲话。道士许鹤昆回忆：

"我和阿炳蛮熟，因为自己年纪小，常常去帮他拷（打）老酒，

---

① 李民雄：《平凡与不朽》，阿炳艺术成就国际研讨会组委会编《阿炳论——民间音乐家阿炳研究文集》，北京：中国文联出版公司，1995年，第137页。

② 据无锡道士谢濂山回忆。

③ 据无锡道士伍鼎初回忆。

阿炳只要听见我的脚步声就晓得是我，碰上吃饭辰光，他老远听见我要走过来了就用胡琴喊我，'阿是阿昆啊，嗯吃饭了？是不是吃的咸菜豆瓣汤！'"

"真是喊得像模像样。"

就以现在的眼光来看，一个器乐演奏者要惟妙惟肖地模仿鸟叫鸡鸣，特别是人言等自然界非乐音音响也不是一件易事，而阿炳却从不看重这些。他认为是"凑凑趣道"，可能认为是一种"拉拉场子，逗逗笑的"雕虫小技，不能算作音乐。所以他在"音乐内行"中间，是不愿意弄这些的，有时当某一位"音乐内行"者要他玩这些时，他似乎觉得是轻视了他的音乐，往往现出失望和不高兴的神情而加以无情地拒绝，他说：

"你要听这些东西干吗？我希望你赏识的，是功夫（指技术）和神韵（指表达力量）啊！"①

阿炳学习音乐起步于道教，源自家传，但是他并不拘泥于此，阿炳曾说：

"几十年来我听见了什么使我喜爱的音乐，不问能教的是谁，我都跟他学；教过我一曲两曲的人太多了，连我自己都无法记得。"② 阿炳曾要杨荫浏先生扳着他的手指，在琵琶上摸索《将军令》中"撤鼓"的弹奏方法；曾向无锡华光国乐会的李永仁、马少初等学习用胡琴拉广东音乐，了解《三潭印月》的换把姿势；曾向唱滩簧的伴奏琴师学习唱腔中小过门的拉法；曾求教过北方丝弦大王王殿玉演奏擂琴的琴艺；听说评弹艺人张步蟾琵琶弹得好，他就早早停立在书场进处静候张先生上场，侧耳倾听琵琶声。在他所录的二胡作品中，有首《听松》，据阿炳自己讲是跟惠山寺院里的和尚学的。他还说，《听松》实际上是《听宋》，讲岳飞大破金兀术的故事。

---

① 杨荫浏：《阿炳小传》，文化部文学艺术研究院音乐研究所编《阿炳曲集：简谱版》，北京：人民音乐出版社，2003 年，第 4 页。

② 杨荫浏：《阿炳技艺的渊源》，文化部文学艺术研究院音乐研究所编《阿炳曲集：简谱版》，北京：人民音乐出版社，2003 年，第 10 页。

阿炳对艺术的追求和要求之精到，直至晚年都丝毫未曾放松。1947年夏，应上海文艺界著名人士红豆馆主溥西园先生和上海银行界的邀请，无锡道教界组织了一支由高手组成的梵音锣鼓演奏队，由阚献之（三弦）、谢濂山（笛）、朱勤甫（鼓）、王云坡（琵琶）、王士贤（笙）、尤墨坪（三弦）、支廷桢（二胡）、赵锡钧（托音二胡）、伍鼎初（板）、田琴初（招军）等组成，道士们在排练时杨荫浏特意邀请阿炳前来旁听，阿炳心情无比激动，这帮乐手中除了阚献之小他一岁之外，其他人都算晚辈，然而这些晚辈在当时无锡道教界乃至苏南地区个个名气不小，且技艺高超，阿炳不顾病疼，尽心倾听，好像自己也坐进了乐队，他听了说："我听着听着，仿佛和大家一同演奏，以前乐事，重上心头，真是不可多得。"①

又据尤墨坪之子火神殿道士尤武忠回忆：

20世纪40年代中期，火神殿来了一些初学艺的小道士，崇安寺里各种各样的民间艺术表演，卖梨膏糖、耍猴、说书等，对于这些小孩不无诱惑。而斋醮科仪中之超度亡灵的"施食"场面、经忏、梵音、锣鼓一般一节法事要两三个钟头。小道士们为了及早做完好外出玩耍，就故意把原本一板三眼慢板节拍的乐曲，抽眼加快成一板一眼来演奏。每每此时，就会传来贴隔壁雷尊殿里"公"的大声怒斥："贼坯！又想偷懒了，奏得介快去做啥？还不放慢。"阿炳边喊边摸索着走过来，随手抄起一件乐器，不管是弦子还是二胡，统领着乐队专心致志地演奏起来，此时小道士们只好默不作声，乖乖地跟着他的音韵，道道地地把音乐奏完。②

1948年前后，时局动乱，人心惶惶，阿炳的身体越来越差，虽然时逢六月雷斋素阿炳还是照收香汛，但进香的香客已寥寥无几，几乎没有什么收入。有天晚上老鼠把他的胡琴拉弓咬坏了，鼓头的蛇皮也咬穿了，阿炳无可奈何，"怎么连老鼠也来欺侮我！"自此，

---

① 杨荫浏：《乐曲说明》，文化部文学艺术研究院音乐研究所编《阿炳曲集：简谱版》，北京：人民音乐出版社，2003年，第4页。
② 据无锡道士尤武忠回忆。

他就闭门不出，再也不上街卖唱了。1950年，当杨荫浏、曹安和来锡为阿炳录音时，他心里是高兴的，答应也爽快，只是觉得"我荒疏太久了，让我练上三天，再演奏吧"①。杨先生请华光国乐会的会员，祝世匡、钱世辰等到中兴乐器店向老板华三胖借来了胡琴。当晚阿炳就出现在街头，到了第二天就出现了本文开头的情景。

阿炳一共录了两个晚上，录了六首乐曲：

三首二胡曲《二泉映月》《听松》《寒春风曲》，三首琵琶曲《大浪淘沙》《龙船》《昭君出塞》。

据在场的黎松寿、祝世匡先生介绍，当杨先生待阿炳拉完乐曲之后，用钢丝录音机回放给他听时，阿炳兴奋异常，他从来没有想到自己的琴声会被原样录下来，连声惊叹："仙气！仙气！"他又接着感慨地说："我荒疏太久了，两只手不听我的话，奏得太坏了，我自己听着，不大顺耳。我很高兴给你们录音。但我要求你们耐心一点，等我温习了一个时期，然后继续录音。"②

我们目前并不知道阿炳究竟会多少乐曲，有人讲两三百首，也有人讲更多，要说仅无锡道教音乐中之梵音曲牌就有多少？套曲又有多少？无鼓段的，一个鼓段的，两个鼓段的，慢、中、快三个鼓段的乐曲。举个例子，梵音音乐中有慢、快二鼓段的《雁儿落》，全曲演奏的时间为25分39秒，尚有更长的。锣鼓音乐中，清锣鼓曲、笙吹锣鼓、笛吹锣鼓、粗细丝竹锣鼓曲等，曲目亦十分丰富。加之道教经忏中众多的腔口音乐，道曲、赞、咒、朗念。于此阿炳都是熟悉透顶的，他究竟会多少？他在数十年的从道和卖艺生涯中又改编了多少？创作了多少？如今只能是一个未知数！

1950年12月，阿炳突然吐血病故。

阿炳前后有两妻，前妻阿珠，原是大户人家遗弃的妾，后妻名

---

① 杨荫浏：《阿炳小传》，文化部文学艺术研究院音乐研究所编《阿炳曲集：简谱版》，北京：人民音乐出版社，2003年，第3页。

② 杨荫浏：《阿炳小传》，文化部文学艺术研究院音乐研究所编《阿炳曲集：简谱版》，北京：人民音乐出版社，2003年，第3页。

董催娣，阿炳无后，催娣有一个与前夫所生的女儿，曾过继给阿炳做孙女，就在阿炳做五七那天，催娣也因病归西。

阿炳就留下来一张照片，据当时在苏南行政公署任职、负责文化工作的无锡老音乐工作者谷洛同志回忆：

"那是50年代初，有天阿炳的近邻，在阿炳居室的墙缝里发现了一张良民证，上面有阿炳的照片，就赶紧送到我那里。"谷洛同志得到那张发黄的照片之后，即请人翻拍、扩印，并分别寄送给民族音乐研究所和有关单位及个人。

1984年夏，笔者在京就阿炳的一些情况请教过曹安和先生，曹先生说：

"从无锡给阿炳录音回到天津以后，我们非常喜爱阿炳的音乐，有次在放录音时，吕骥同志走过来，他边听边问，'这是谁拉的，功力不凡啊！'我们就告知了原委，吕骥同志了解了阿炳的有关情况，看了资料后，他问杨荫浏先生：'这些录音可否借我听听？'大约过了半年，中央人民广播电台播出了阿炳的音乐，阿炳的录音已被灌制成唱片。"

2006年钱铁民在无锡道教音乐演奏会上介绍阿炳

据吕骥先生本人回忆：

"当时中央音乐学院拟通过杨先生聘请他来学院工作，因有吸食大烟的不良习惯，杨先生表示，不便介绍，不料当年寒假杨先生再去无锡时，阿炳却已病逝。"① 《二泉映月》问世以后，受到了广大群众的喜爱，熟悉音乐的人，知道《二泉映月》，知道阿炳，对音乐不甚了解的人也知道《二泉映月》，知道有个瞎子阿炳。1959年，在中华人民共和国成立十周年大庆之际，有关部门精选了十首最具代表性的中国民族器乐曲，灌制成唱片，作为贵重的礼品，分送给前来我国参加盛典的国际友人。《二泉映月》作为一首二胡独奏曲流传到海外，其后又被改编成多种演奏形式，有小提琴独奏、弦乐四重奏、钢琴独奏、民族管弦乐合奏、弦乐合奏、大合唱等，在国际上，不少颇具影响的一流交响乐团、一流指挥都演奏过《二

2008年钱铁民在阿炳艺术研究委员会成立大会上发言

① 吕骥：《关于阿炳的回忆》，阿炳艺术成就国际研讨会组委会编《阿炳论——民间音乐家阿炳研究文集》，北京：中国文联出版公司，1995年，第2页。

泉映月》，比如美国波士顿交响乐团、费城交响乐团、德国斯图加特交响乐团、法国里昂交响乐团等。1985年，《二泉映月》在美国被灌成唱片，并在流行全美的十首中国乐曲中名列榜首。1993年，《二泉映月》和《大浪淘沙》获20世纪华人音乐经典荣誉奖。《二泉映月》成了一条绚丽的彩虹，联结着中国人民与世界各国人民的友好情谊。

1987年10月，钱铁民（左二）参加中国音乐史学会会议参观工厂时与吉联抗（左一）合影

阿炳其人其事[①]

没有受过中国文人式的教育，8岁进道院学习道教音乐，"在经历了沉重的人生坎坷中，在对江南民间音乐的广泛涉猎之后，通过自己的博大精深的民间音乐实践，用自己最熟悉的乐器二胡和琵琶，抒发了人间最真诚的音乐情思——从忧民、忧世到愤俗、愤世，

1993年11月钱铁民（左一）与赵沨（左二）合影

---

① 此文发表于钱铁民，徐晓慧编著：《无锡民乐》，南京：凤凰出版社，2009年，此处略有改动。

而且是通过对自己人生坎坷而深情、悲愤的忧思之中……正因为《二泉映月》抒发了这种从忧民、忧世到愤俗、愤世的情操，所以，才能给人们以极大的感动和激发"①。这段话讲的这个人就是以一曲《二泉映月》蜚声中外的瞎子阿炳华彦钧。

一

清光绪十九年（1893年）农历七月初九，阿炳生于江苏无锡，按照当时的说法，排八字先生认为阿炳的生辰八字五行缺火，遂从"南方丙丁火"中取"丙"添"火"字旁为他取名"阿炳"以讨吉利。阿炳3岁那年，江西龙虎山六十一代天师张仁晟来无锡巡幸，应其父所求，天师为阿炳赐名——彦钧。

阿炳的生父是谁？杨荫浏先生在与曹安和、储师竹合编的，1952年出版的《瞎子阿炳曲集》中说，他的父亲和母亲很早就死了，他的父亲究竟叫什么名字，连他自己都不知道，他从小就过继给本地雷尊殿的当家道士华清和做儿子。1979年，在文化部文学艺术研究院音乐研究所编的《阿炳曲集》中，杨荫浏先生做了细致的补充和修改，其中明确写明，"阿炳原来是本地雷尊殿当家道士华清和的独生儿子。华清和号雪梅，是无锡东亭人……阿炳之母吴氏，原系秦姓寡妇，以帮佣为生……吴氏初与华雪梅同居，即遭同族中间顽固分子的时时辱骂，说她败坏了秦家名声；生了阿炳之后，受辱更甚，终于被胁迫回秦家"②。

阿炳在苦难中出生，不久生母又病故，是华清和把他送到老家

---

① 赵沨：《在华彦钧艺术成就国际学术研讨会上的开幕词》，阿炳艺术成就国际研讨会组委会编《阿炳论——民间音乐家阿炳研究文集》，北京：中国文联出版公司，1995年，第4页。

② 杨荫浏：《阿炳小传》，文化部文学艺术研究院音乐研究所编《阿炳曲集：简谱版》，北京：人民音乐出版社，2003年，第1页。

东亭乡春合村小泗房的族弟媳处抚养。

东亭乡是一块富庶之地，亦是民间音乐异常丰富的地方：吴地歌谣、丝竹乐、吹打乐、滩簧、说因果、长篇叙事歌……当地的农民有许多都是以做辅应道士为副业的道乐高手，阿炳自幼就生长在这样一个"音乐之乡"，耳濡目染，江南民间音乐在他幼小的心灵里留下了难以磨灭的印象。

在阿炳3岁时就请张天师给他赐道名，说明华清和早就有意让阿炳承袭他的衣钵，让他长大后做一个道士。阿炳从道是8岁，按南方算虚岁不讲周岁，应该是1899年，这个年龄从道其实在当时的无锡道教宫观里是一个较为普遍的现象。家境贫困而想学道谋生的孩子，大多是这个年龄步入道院的。阿炳与之所不同的是，华清和曾送阿炳入私塾就读3年。地处观前街口的学馆，离雷尊殿不到一箭之遥，而附近崇安寺又是一个热热闹闹的商市。年幼的阿炳似乎无意苦读"子曰""诗云"，而对卖艺、杂耍、听书，对学友之间的争斗更感兴趣，特别让阿炳入迷的是听人拉琴弹弦唱曲。听道观里乐师演奏音乐，他喜欢试着吹笛、试着敲鼓、试着击钹等。

阿炳的第一个音乐老师是他的父亲，华清和作为雷尊殿的当家道士，在无锡道教界以精通道乐，尤擅琵琶而闻名全城，他是一位中国乐器样样都奏得不差的道士，是一位喜爱昆曲，与地处城中公园、吴畹卿为社长的天韵社过从甚密的昆曲票友。

阿炳在1950年录音之后，谈及自己的学艺过程时就曾说过，若讲幼年时代，曾长期教过他的，就是华清和一人而已。由此可见其父对他的影响有多么大。

无锡正一派道教固守着一套学艺旧法，道士进道院，先要从敲翁钹（七钹）、骨子（小钹）开始，然后击小锣、木鱼。在对道乐有所熟悉之后，先吹竹笛，曲目往往是《步步高》《清江引》《醉仙戏》。习艺是艰苦的，为练持笛姿势，增强腕力，练习时要在笛尾挂上一个秤砣，夏练三伏，汗水如注；冬练三九，越是寒冷的冬天，越是要到空旷处，顶风而吹，控制好"口风"，要宽窄自如，泛

六绝诗一首 威丰年间祖父文澜公叔祖文汇公伯父香圃公叔父秋舫公创建天韵社曲局于邑之南禅寺秋月夜清歌一曲浏阳溪情殷隐唤灵名画屋三间海内师画风新重声韵喈庆而迁为谁三年散梦悲讽叹钱黄瓦花游感慨多累代相承传与调声新桃李花多姿剥复相寻仗老园已满红

时民国三十七年戊子夏六月大暑后一日天韵社同文曹君安和以大伯香圃进士遗著《天韵社曲谱》嘱余校援有年矣至今始克组织付印 杨荫浏书

1962年杨荫浏手抄曹安和之父曹同文天韵社诗

音清丽，高音透亮，手指僵硬，活动后"还醒"至热，要练到笛尾挂上一串冰凌（因吹气遇冷凝成水，又冻成冰）为止。小道士白天跟班做斋事，晚上回来后还要再练，为了怕困，还得站在长凳上吹，学会了竹笛，再吹笙或唢呐，或练丝弦乐器。华清和虽然自知阿炳对音乐有极高的天分，别的道童尚不知两钹闷击发音"普普"时，小阿炳已能按拍击节跟着乐曲一敲至曲终，别的道童尚不会唱工工四尺上时，小阿炳已能摇头晃脑地高唱《步步高》。但他仍然极为严格地管教和要求阿炳扎扎实实学艺。阿炳练击鼓时，用铁筷子代替鼓槌，方砖垫棉花团替鼓，一块块方砖被击碎，一个个棉花团中心凹透，四周高耸如故，手腕痛得连碗都端不住，他也不敢休息。练习胡琴、琵琶时常常是磨得指尖出血亦不能停歇，吹竹笛不知站过多少回长凳，背经书读皇经彻夜不能眠。

出于对华清和之敬佩，亦看中这个小道士的聪慧伶俐，洞虚宫的老道乐客师十分喜欢阿炳。凡遇阿炳要讨教的事情，客师们无不循循善诱，手把手地教学。阿炳曾师从朱道士学《串枝莲》，从缪道士学《将军令》。

坚实的基本功训练，为阿炳日后的从道生涯打下了良好的基础。阿炳的习艺过程反映出无锡道教有三个明显的特征：一、道士要花费大量时间习艺，这种习艺的传授形式和学习内容，有一套代代沿袭的程式，几近于戏曲科班之传习，其中主要是学会演奏各种乐器，为此，锡派道士个个都是多面手；二、正一法派在道场中，始终贯穿的道教音乐务必形式多样，内容翻新；三、道乐演奏技艺十分重要，无锡道派中衡量一个道士、一个道院的好坏，"做家生"（指演奏乐器）是一个十分重要的方面，它既直接影响宫观道院的声誉，也决定着他们的收入高低，华清和逼着阿炳苦学技艺，其良苦用心亦可能在于此。

阿炳出道较早，十六七岁时就已颇具名气，无锡道教界都记得少年阿炳在一次庆祝城隍生日的赛会上，击鼓统领乐队演奏的情景。那是一种借举行菩萨圣诞，无锡各家道院展示自己音乐才华的活动。雷尊殿道乐班在即将上场之前，老鼓手旧病复发而无法操鼓，一筹莫展的华清和在实在没有办法的情况下，经客师建议，由阿炳击鼓替补，让华清和没有料到的是，当音乐一起时，阿炳竟能板眼清晰，疾缓有致，他从容而稳健，且声声有情，一曲梵音套曲演奏下来，同台的道乐客师没有一个不被阿炳的击鼓技艺所惊服。

二

雷尊殿是洞虚宫所属三清殿所设灵官、火神、长生、祖师等五道院中的一殿，历史久远。据有关文献记载，洞虚宫原名清元宫，梁大同二年（536年）始建于东乡胶山，后因年久失修而废。宋大中祥符三年（1010年），又建于城中大市桥静慧寺左（今图书馆路），改赐额名"洞虚宫"，该道院宋庆历年间（约1041年）、元至元年间、明万历二年（1574年）、清咸丰十年（1860年）曾因火灾而荒废达四五次之多，清同治十三年（1874年），也就是华彦钧出生前19年，又重建了上述五道院。20世纪三四十年代各道院主持为：

灵官殿：本一山房主持人——唐竹轩（道会司）——唐翰臣

火神殿：贞白山房主持人——居易斋——顾秋庭（道会司）——华伯扬

雷尊殿：一和山房主持人——华清和——华彦钧

长生殿：煮石山房主持人——陈莲君（道会司）——陈赓甫

祖师殿：珠碧山房主持人——荣筱园——荣渭生

雷尊殿的规模很小，它与火神殿相邻，殿内中央神龛中供奉雷公电母神像两尊，每年农历六月是雷尊殿的香汛，民间称"雷斋素"要断荤一个月。8月24日雷公寿诞，善男信女都会扶老携幼，冒着酷暑前来进香磕拜，祈祷避免雷击，消灾息难，增福延寿，届时雷尊殿犹如过节一般，十分热闹。遵照"祖遗"，雷尊殿当家华清和与火神殿当家顾秋庭在《拨付依据》（1924年）共立"挨年轮值之雷尊殿香汛"。据火神殿道士尤武忠回忆，"一年一度的香汛，香客留下的锡箔灰、香烛、香钱是雷尊殿的一笔好收入，一般可供当家主持吃用二年"，靠着日常斋主来殿，或外请做法事，可知华清和当时能维持着小康之家的生活水准，这种吃用不愁的生活环境，也为阿炳提供了良好的学习条件。华清和对阿炳要求甚严，阿炳自己亦十分勤奋，除学习道教音乐之外，崇安寺及当地流行的各种江南民间音乐、地方戏曲、说唱艺术，都时不时地影响着阿炳。无锡滩簧他非常喜欢，看滩簧，听滩簧，学拉滩簧是常事；天韵社的昆曲他也很喜欢，华清和的票友阿炳没有一个不熟的，城中公园的兰簃至雷尊殿，几步之遥，每有会唱，阿炳从不缺席；曲友演奏的笛、古琴、琵琶、三弦、鼓板等诸乐器总是能让阿炳入迷，外埠来锡的说书先生琵琶弹得好，他边看边听边揣摩；说因果"三跳"的笃的笃，男女双挡，说得有声有色，阿炳听得津津有味，同住崇安寺的说因果艺人凌俊峰是他常常谈天说地的好友。诚如阿炳自己后来回忆时说："几十年来我听见了什么使我喜爱的音乐，不问教的是谁，我都跟他学；教过我一曲两曲的人太多了，连我自己都无法记得……"①

伍鼎初小阿炳7岁，是水濂道院的客师，他在1990年道教音乐采集时曾谈及阿炳，伍说："阿炳年轻辰光长得很出众，块头蛮大，华清和到东到西都带着阿炳，一则音乐好，另外经忏也做得好。"说起锡派道教斋醮科仪，满师后的阿炳是以此为主要谋生手段的，雷尊殿里要接做，外面也要做。阿炳唱起道曲来嗓音清亮，口齿清楚，道教科仪中的赞口、步虚、偈、咒语，他没有一样不熟，奏起梵音、锣鼓来更是得心应手，当做"步罡""建坛""天官赐福""施食"等仪式时，他举步沉稳，手法洒脱，经文娴熟，道教界都

---

① 冯光钰：《阿炳，阿炳——纪念华彦钧（阿炳）诞辰一百周年》，《人民音乐》，1993年第11期。

觉得雷尊殿后继有人了。

2009年《江南晚报》编辑部召集无锡民乐前辈回忆阿炳

华清和1918年年底仙逝，时年67岁。阿炳承接了其父的衣钵，成为雷尊殿的当家，因为华清和的名气在外，阿炳又极具天赋，且华清和在世时，管理雷尊殿有条有理，所以雷尊殿的香火仍然很盛，香客多，斋事多，赏赐也厚。据道士王士贤回忆，"阿炳作为主持道院忏务的当家人，客师还要观其眼色行事，小心翼翼侍候"。

雷尊殿的败落是始于阿炳染上吸毒、宿娼之恶习，抽上鸦片之后，阿炳又懒于接做斋事，宿娼传染上性病，渐渐感染以致双目失明。经济上入不敷出，生活上邋里邋遢，贫病交加，殿里的斋事已寥寥无几，早先靠变卖道院里的法器度日，之后开始变卖庙产。阿炳堕落到了社会的底层，但是他并没有离开道院，虽然外出忏务不能做了,当轮到阿炳收香汛时,他仍以当家道士身份主持雷斋素,收取香钱。据1930年编写的《无锡年鉴》宗教部分记载,雷尊殿,址崇安寺,主持阿炳,常住院者一个,有房三间。1941年的《无锡报》载:"图书馆前雷尊殿,今年由街头艺人瞎子阿炳值年经营。阿炳因该殿年久失修,雷神像坏,故特募捐重修,由邑人王君、李君等捐助,已将头门大殿修葺一新,雷尊神像亦重塑,并定于夏历八月初五开光……"又据抗战时期与阿炳为近邻的刘秀英说:"我看到过六月雷神斋的热闹场面,从斋期开始,阿炳就不再外出卖艺,他坐在殿前桌上中间,等候香客收取香汛。"

三

35岁对于一个正常人来说,是最好的年龄段,知识、阅历、生活、家庭应该都较稳定而充实,阿炳却两眼全瞎了,仅靠道院微薄的收入,连喝粥都过不下去。阿炳只能上街卖唱,老一辈的无锡人都看见过他,头戴一顶铜盆帽,身穿一件旧长衫,眼睛上架着一副上下错位、有两片黑镜片的眼镜,胸前、背上挂着笙、笛、琵琶等乐器,手里拿着胡琴,据说因果艺人平汉良说:"阿炳在长衫外套件背心,在胸前的一只袋袋里总喜欢插一支短烟筒头(烟具)。"

每天上午阿炳会到香烟店里或附近的小商贩摊上,去听人家讲当日的新闻,下午他就会活灵活现、有板有眼地合着音韵把新闻唱出来。三万昌茶馆是阿炳较为固定的卖唱点,他每次说新闻之前总是用一段固定的"引子","说起格新闻,话起新闻;新闻出勒(在),啥个地名"。然后再娓娓道出正文,阿炳说新闻用的伴奏道具是"三跳"(三块敲板,左手执两块,右手执一块,左手两块击板时开时合,时快时慢,右手一块边击左手两块敲板的端部,边上下左右地一会儿做枪,一会儿做扁担,用来辅助表演)。阿炳说新闻的唱词都是他自己即兴编的,其内容极为丰富,报纸上、电台中传播的消息他唱，报纸不登、电台里不讲，茶馆、酒馆、旅馆里热传的消息他也唱。

　　阿炳疾恶如仇，爱打抱不平，别人不敢说不敢唱，他就敢唱敢说，恶绅顾某奸污婢女，其家人状告无门，阿炳就到处说唱，"……财主黑心，禽兽畜生，法院眼睛，只认白银，百姓倒霉，有冤难伸，瞎子阿炳，抱打不平"①。国民党江苏省民政局局长缪斌（无锡人）占用雷尊殿养马，阿炳就连日到缪家门口高声说唱，要讨公道，唱到缪家人脸上无光，只好牵马走人。"一·二八"事件后，阿炳编唱《十九路军英勇抗敌》，"黄浦江边，十九路军；大刀列队，杀敌逞英；日本鬼子，胆怕心惊；刀光闪闪，逃窜无门；头颅落地，像割瓜藤……全国上下，顶顶要紧；抵制日货，誓作后盾；爱国同胞，协力同心；定扫鬼子，赶出国境"②。抗战胜利后，国民党发动内战，物价飞涨，民不聊生，阿炳把老百姓的苦难编成《金元券满天飞》："金元券，满天飞，花花绿绿'好东西'。早上可以买头牛，晚上只能买只鸡，十块金元券，只能量升米。印花小，发票长，本来印花贴在发票上。捐税多，印花涨，发票只能贴在印花上。"③阿炳自己抽大烟，但他对鸦片深恶痛绝，他编唱的《鸦片本是外国生》特别有情趣："鸦片本是外国生，一到中国绝了我命根，阎王拿出勾魂票，先点头边引路灯，如何好把洋烟吸？一费精神二费银，三餐茶饭常常缺，四季衣衫勿完整，五更寒冷少被盖，六亲断绝人看轻，开门七事无来路，勿怪八字怪自身，仔细想想无好处，悬梁高挂一条绳。"④编唱新闻是阿炳的一大绝招，他用

---

① 钱惠荣：《从"说新闻"看瞎子阿炳的曲艺才能》，阿炳艺术成就国际研讨会组委会编《阿炳论——民间音乐家阿炳研究文集》，北京：中国文联出版公司，1995年，第175页。

② 钱惠荣：《从"说新闻"看瞎子阿炳的曲艺才能》，阿炳艺术成就国际研讨会组委会编《阿炳论——民间音乐家阿炳研究文集》，北京：中国文联出版公司，1995年，第176页。

③ 李民雄：《平凡与不朽》，阿炳艺术成就国际研讨会组委会编《阿炳论——民间音乐家阿炳研究文集》，北京：中国文联出版公司，1995年，第137页。

④ 钱铁民，徐晓慧编著：《无锡民乐》，南京：凤凰出版社，2009年，第125页。

句通俗，比喻生动，即听即编，套路灵活，还有一手稳住听客的本事。例如，本来是一件极严肃的事情，一到阿炳嘴里，他会出其不意地插进轻快、滑稽的"噱头"，让听众捧腹，忍俊不禁，久留不去。

阿炳说唱的新闻，弹唱的段子甚多，据听过"说新闻"的年长者回忆，有《蔡云坡云南起义》《袁世凯梦想做皇帝》《邓世昌打日本海军》《黄慧如与陆根荣主仆恋爱》《枪毙上海流氓阎瑞生》《山东马永贞》等，无锡有些老人尚说过，"阿炳骂啥人，啥人还真不敢对他怎么样"，他骂日本人，日本人不敢对他怎样，当阿炳外出卖唱晚进城时，只要他用胡琴拉几句，日本哨兵还照样为他开城门。

阿炳卖艺所唱的腔调非常动听，这些朗朗上口的曲调，有小曲，有滩簧，有宣卷调，有说因果调，其中有不少就取自道教的唱赞、道曲、朗念腔，如"说新闻"开头四句，就是吸收了道教《起忏》"十六召"的音调，道曲"赞三宝"流畅活泼，阿炳经常填词新唱。

边"唱新闻"边奏乐器，是阿炳卖艺的另一个特色。阿炳自幼从道学到的"十八般武艺"吹、拉、弹、打，他样样在行，一般开场，他总是喜欢拉起一把胡琴，用琴声模仿人语，"伯伯婶婶好""谢谢你"，听的人劲头起来了，他又用胡琴模仿"鸡鸣狗吠"，一会儿自己嘴里说几句，一会儿用胡琴对答几句，"你到哪里去啊？""阿是到崇安寺去呀！""崇安寺里罗里闹猛啊"……听客要听丝竹，他就拉《行街》《三六》，听客要听琵琶，他就弹《龙船》，在用琵琶模仿一段敲锣鼓之后，阿炳会抬起头来，做出朝前看的姿势，高声喊道："看啊，头一条龙船来哉！"阿炳的一条龙船其实就是在模仿锣鼓敲击后，夹插的一首小曲，第一首小曲刚完，他又敲起一段锣鼓，紧接着又抬起头来高喊："看啊，又一条龙船来哉！"

穿巷走户流落街头的阿炳，并没有忘记自己曾是雷尊殿的当家主持，是有过"一定身份"的人，他上茶馆去酒楼卖艺与一般"叫花子"不同，他从来没有随便地收过人家施舍的大钱，他纯粹靠演唱来维持生活。他从来没有做过向人乞怜的样子，人家叫他奏他才奏，人家给他报酬，不管多少，他并不道谢，也不争多嫌少，有的人家请他奏唱，即便不给他钱，他也一样很高兴地奏唱。

靠卖唱奏乐为生的阿炳，一直没有离开过道院，时逢道教节日，道乐演奏，他总是兴致勃勃地去参加或去倾听。1947年，应上海文艺界著名人士红豆馆主溥西园和上海银行界的邀请，无锡道教界以"十不拆"为班底组织了一支道乐演奏乐队，由阚献之、朱勤甫、尤墨坪、赵锡均、王士贤、伍鼎初等人组成，在锡排练期间，作为乐队顾问的杨荫浏先生特意邀请阿炳前来旁听，阿炳心情无比激动，这些乐手中除阚献之小他一岁之外，其他人都算晚辈了，然而这些晚辈在当时无锡道教界乃至苏南地区的名气不小，他们技艺高超。阿炳不顾病痛，耐心倾听，好像自己也坐在乐队里，他说："我听着听着，仿佛和大家一同演奏，以前乐事重上心头，真是不可多得。"

约在1948年，阿炳不再上街卖艺。有一天，白天遭遇了许多不幸的事，当天晚上，老鼠又咬断了他的胡琴上的拉弓，咬穿了鼓头上的蛇皮，他觉得不是好兆头，就立誓从此不再演奏了。阿炳曾有过两次婚姻，前妻阿珠，原是无锡乡下一个有钱人家的三房小妾，本打算让她生子续香火，岂料她染上吸毒，随后流落到烟馆里帮佣。有位好心人撮合了阿珠、阿炳两人，然而好景不长，他们双双抽起鸦片，两人恶习不改，成天你争我吵，阿珠还在生活上虐待阿炳，欺侮他，瞒骗他，不久两人便分开了。阿炳的第二个女人董催娣是江阴北漍镇人，前夫病故之后，她只身到无锡帮佣，董催娣质朴、勤快，经

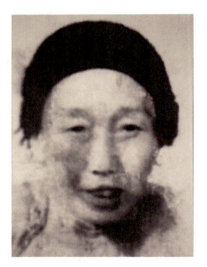

阿炳之妻董催娣

她的堂兄董三健和阿炳的道友周聚兴介绍，两人结合。催娣手勤脚健，家务事安排得井井有条，每天下午、晚上还搀扶着阿炳外出卖

唱,生活上处处关心阿炳,稍有鱼肉荤腥,总是先留给阿炳,两人日子虽苦,但还算过得舒心。

四

1949年4月23日,无锡解放,渡江过来的人民解放军给太湖之畔的无锡城带来了和煦的春风,人们喜气洋洋,百业待兴,为横扫一切旧时代的恶习,吸毒、嫖娼被政府严禁。此时的阿炳,身体情况已是每况愈下,但他打心底里开心。1950年夏天,杨荫浏、曹安和先生从时处天津的中央音乐学院民族音乐研究所回家乡,准备给阿炳录音时,阿炳已经改变了过去立誓不演奏的想法。新的环境,使他有了好的心情,他们一说就通,阿炳只是说自己荒疏太久了,等练上三天再演奏。说起杨荫浏先生与阿炳的交往,时间很是久远。杨先生年小阿炳6岁,出身于知识分子家庭,其父杨钟琳是一位颇通中国文史知识的知识分子,杨先生自幼喜爱民族音乐,8岁曾向乡间邻里道士学吹箫、笛、笙,1911年12月他慕名前去雷尊殿向阿炳讨教江南丝竹《三六》《四合》和其他一些曲调在三弦、琵琶上的弹奏方法。其后两人常有交往,据杨先生自己讲:他们以《三六》开始,也是以《三六》结束。1911年、1937年、1947年、1950年,一位是受过高等教育、通晓中外音乐史、精通律学、致力于民族音乐研究的教授,一位是从来没有离开过无锡,终身从道的道士,将他们紧密联结在一起的是民族民间音乐的神韵。

录音之前,阿炳的胡琴、琵琶早已损坏了,是华光国乐会的同仁钱世辰等从中山路华三胖所开的"中兴"乐器店里借来一把竹筒胡琴,琵琶则是用曹安和先生刚在无锡购置的一把新琴。乐器一到阿炳手里,当天晚上就看见他走上街头。三天以后(1950年9月2日)的晚上,在城中公园附近的"三圣阁"为阿炳录音,当时录音在场的有杨荫浏、曹安和、黎松寿、祝世匡等。录音前,杨荫浏问阿炳："你是先拉胡琴，还是先弹琵琶？"阿炳爽快地说："还是先拉胡琴吧！"边说边拿起横在膝上的琴，调弦开录，录的第一首便是《二泉映月》，紧接着又录《听松》和《寒春风曲》。杨荫浏、曹安和从天津带回的钢丝录音机，当时是件非常稀奇的东西，当录音结束回放时，阿炳从来没有想到竟能有东西把他的琴声原样放出来，激动得连声说："有仙气，有仙气！"三曲录下来已近11点，阿炳感觉疲劳，约好第二天再录琵琶曲。9月3日晚，在曹安和先生盛巷老家采录了《大浪淘沙》《龙船》《昭君出塞》三曲，黎松寿先生因事没有去，祝世匡先生两天均在现场。

杨、曹两位先生曾想给阿炳多录几曲，阿炳自己却不太愿意，他说："我荒疏太久了，两只手不听我的话，奏得太坏了，我自己听着，不大顺耳。我很高兴给你们录音。但我要求你们耐心一点，等我温习了一个时期，然后继续录音。"① 当时约定寒假或1951年暑假再去录音，不料到12月阿炳就吐血病故了。

阿炳生前怎么也不会想到他留下的音乐会蜚声中外、名扬四海。阿炳对音乐的酷爱，对音乐的执着，想用音乐来倾诉自己不平身世的愿望是极为明显的。杨荫浏先生在谈及阿炳的技艺渊源时曾说："他音乐修养最初主要的基础是出于道家的音乐，而且是出于家传。"② 无锡道教音乐，曲目丰富，结构繁复，技法艰深，如全曲演奏长达45分钟的梵音《甘州歌》和以"急急风"开场，"小十八拍""细走马""梦儿里能"至"金橄榄""急急风"结束，有16段，要演奏14分钟的粗细丝竹锣鼓曲《十八拍》，以及乐曲中多变的板式，灵活地加花减字，"拆"的运用，鼓心鼓边，点忏、满忏的交替，这对于阿炳学习音乐的启蒙、成熟乃至创作，从艺术的量、艺术的难度、艺术的深度来看，不是一般的滩簧、小曲、因果

---

① 杨荫浏：《阿炳小传》，文化部文学艺术研究院音乐研究所编《阿炳曲集：简谱版》，北京：人民音乐出版社，2003年，第3页。
② 杨荫浏：《阿炳技艺的渊源》，文化部文学艺术研究院音乐研究所编《阿炳曲集：简谱版》，北京：人民音乐出版社，2003年，第9页。

所能比及的。

　　阿炳追求音乐的境界，追求音乐的内涵，追求音乐的表达。阿炳尽管能惟妙惟肖地模仿鸡鸣狗吠、禽鸟歌声、男女嬉笑和无锡土白讲话声，然而他只看成是"凑凑趣儿"，对于音乐内行，他会说："你要听这些东西干吗？我希望你赏识的，是功夫（指技术）和神韵（指表达力量）。"① 以现在的眼光来看胡琴模声，这其实也是一种了不起的民间技艺！阿炳能用胡琴模声演奏，且模技高超，非常可惜的是没有采录，无锡的老道士每当谈及都十分羡慕他有这一招，火神殿道士许鹤昆从小就常常给阿炳打老酒，他说："师父喊我，都是用胡琴的，他虽看不见，但只要我靠近些，或从他身边走过，阿炳就会用胡琴喊：'阿是阿昆啊！嗯吃饭了，阿是吃格咸菜豆板汤！……帮我拷一点点老酒来！'"许鹤昆说："真是要怎么像就有多像！"

　　阿炳曲不离口，琴不离手，数十年的磨炼，他是何等的熟练和坚强。倘若没有这么坚实的基本功，非凡的功力，很难想象他在荒疏两年之后仅仅在街头"练习"了三天就能奏出如此完美的音乐。

　　杨荫浏先生评价阿炳的音乐"超脱了狭窄的师承的墨守，技术的呆板和模仿，开启了他自己的主动性和创造性，联系他周围的生活环境，他技术发展的可能性是无限的"②。

　　道教音乐、民间音乐哺育滋润了阿炳，奠定了他艺术创造的深厚传统修养和技术基础。道教中之神灵，诸如豹头环眼、黑面虬髯、身穿大红官袍、足蹬皂靴、手持利剑的钟馗，他那生性刚烈，驱邪镇魔的形象，以及道教所构筑"登虚蹑景，云舆霓盖，餐朝霞之沆瀣，吸玄黄之醇精，饮则玉醴金浆，食则翠芝朱英，居则瑶堂

---

① 杨荫浏：《阿炳小传》，文化部文学艺术研究院音乐研究所编《阿炳曲集：简谱版》，北京：人民音乐出版社，2003年，第3-4页。
② 杨荫浏：《阿炳技艺的渊源》，文化部文学艺术研究院音乐研究所编《阿炳曲集：简谱版》，北京：人民音乐出版社，2003年，第10页。

瑰室……"①之神仙乐园，应该说对阿炳的为人、性格形成，以及他作品中之不畏强暴、敢于抗争的精神和对美好生活的渴望，不能说没有产生过一定的影响。

阿炳恐怕一生就拍过一张照片，据当时在苏南行政公署任职、负责文化工作的无锡音乐工作者谷洛回忆："那是50年代初，有一天阿炳的近邻，在阿炳居室的墙缝里，发现一张敌伪时期的良民证，上面有阿炳的照片，就赶紧送到我那里。"谷洛先生得到那张发黄的照片之后，即请钱惠荣至照相馆翻拍、扩印，并分别寄送给民族音乐研究所和有关单位及个人，自此留下了阿炳珍贵的形象资料。

阿炳一生住过两个地方，一是其父华清和的老家，无锡城东10公里处的东亭镇春合村，第一次居住是他出生后不久被送乡下抚养，8岁离开回城。第二次是阿炳双目失明之后，经由师兄陈道士带回东亭镇暂住，并初试着在镇上茶楼卖艺，当地人传说陈道士从城里带回一个能拉、能弹、会唱，能让癞蛤蟆笑豁嘴的瞎师弟。第三次是抗日战争时期为避战祸，阿炳与董催娣一起逃难回东亭。阿炳旧居1990年被焚毁，1993年东亭镇人民政府和春合村共同拨款，仅用38天就按江南水乡农宅的式样，建造了一座故居，修建后的故居长11米，宽10.36米，建筑面积约80平方米，有中间客厅和两边厢房，房前还有小庭园。

阿炳居住最久的地方是城中雷尊殿，他在雷尊殿经历了学艺、从道、卖艺等不同的生活历程，最终病故于此。1989年，无锡市人文景观研究会向政府和有关部门正式提出在原址雷尊殿修复阿炳故居，由于多种原因未能实现，当时殿内仍住着4户居民。1993年，在"华彦钧（阿炳）艺术成就国际学术研讨会"上，60余名国内外专家学者曾到崇安寺，只是从外观上观看阿炳故居。1994年2月4日，《无锡日报》报道，在无锡市人民政府1月24日发布的全市

---

① ［东晋］葛洪著，王明校释：《抱朴子内篇校释》，北京：中华书局，1980年，第46页。

第三批市级文物保护单位中,阿炳故居榜上有名。2004年,崇安寺改建,阿炳故居正式作为一项重点项目,以旧修旧得以保留下来,并着重修整,再现雷尊殿旧貌。

阿炳当年录音的竹筒胡琴,用过之后归还于中兴乐器店,已经不知去向。所幸阿炳录音用的红木琵琶,曹安和先生送与他的学生中央音乐学院琵琶教授陈泽民先生。2001年,陈先生在沪参加汪昱庭琵琶艺术研讨会时,曾与笔者商量将此琴捐于阿炳故居。2005年6月,崇安区人民政府和无锡市民族管弦乐学会隆重举行了捐赠仪式,阿炳用来录《大浪淘沙》等三首名曲的琵琶,回归故居。

20世纪80年代,时任中国音乐家协会主席的吕骥先生,非常重视阿炳的音乐,赞赏他的才华,据他本人回忆:"当时中央音乐学院曾想通过杨先生,聘请阿炳来学院工作;因阿炳有吸食大烟的不良习惯,杨先生表示不便介绍。"

阿炳的身世是不幸的,但他献给人类音乐珍品的艺术价值是无法估量的。阿炳音乐自灌制成唱片问世以来,受到了广大群众的喜爱,熟悉音乐的人知道无锡出了个瞎子阿炳,拉了一曲《二泉映月》,对音乐不甚了解的人也知道阿炳,知道《二泉映月》。1952年,由杨荫浏、曹安和、储师竹合编出版了《瞎子阿炳曲集》。1959年,在中华人民共和国成立十周年大庆之际,有关部门精选了十首最具代表性的中国民族器乐曲,灌成唱片作为贵重礼品,分送给前来参加盛典的国际友人,其中就有《二泉映月》。阿炳的音乐被改编成多种演奏演唱形式,有弦乐四重奏、钢琴独奏、小提琴独奏、民族管弦乐合奏、弦乐合奏、大合唱等。阿炳的音乐插上了翅膀,漂洋过海,世界一流交响乐团,比如美国波士顿交响乐团、费城交响乐团、德国斯图加特交响乐团、法国里昂交响乐团等都曾演奏过他的作品。1993年,《二泉映月》和《大浪淘沙》荣获20世纪华人音乐经典荣誉奖,阿炳的音乐已成为一条绚丽的彩虹,联结着中国人民与世界各国人民的友好情谊。

阿炳是无锡人的骄傲,亦是中华民族音乐的骄傲。他与艺术永存，永远活在我们的心中，赶汍说过，"他的伟大的名字应该用黄金写在中国音乐史上"①。

2011年钱铁民主持纪念阿炳作品问世六十周年音乐会

关于阿炳墓地，1950年，葬于无锡灿山明阳观东面的"一和山房"，1953年，经中国音乐研究所和无锡市文学艺术工作者联合会赞同，在墓前竖立一块新碑，请本邑著名书画家秦古柳题文"音乐家华彦钧之墓"。"文革"中，墓毁碑断。1983年，在锡惠公园映山湖旁，朝东修建新墓，10月阿炳遗骨入葬，墓址约35平方米，金山方石铺地，正中嵌有金山石碑，由杨荫浏书写"民间音乐家华彦钧之墓"，落款为中国音乐研究所、无锡市文学艺术界联合会。

---

① 赵汍：《在华彦钧艺术成就国际学术研讨会上的开幕词》，阿炳艺术成就国际研讨会组委会编《阿炳论——民间音乐家阿炳研究文集》，北京：中国文联出版公司，1995年，第1页。

阿炳故居演绎[1]

以一曲《二泉映月》扬名海内外的我国杰出的民间音乐家华彦钧（阿炳），1893年诞生于山明水秀、风光旖旎的太湖之畔无锡城。自阿炳成名以来，有关他故居的修复问题一直为社会各界所关注，去年11月，在中国文联、中共无锡市委宣传部、无锡市文化局、无锡县人民政府等单位联合举办的纪念华彦钧（阿炳）100周年诞辰活动中，有一项重要的内容，即阿炳东亭故居的落成典礼。

东亭故居

东亭镇位居无锡城东约10公里处，属无锡县。阿炳的生父华清和祖居于此，清和幼年时家境清贫，其父母为给孩子找条生路，于清咸丰八年（1858年）间把年方8岁的清和送进城中雷尊殿当小道士。经过十几个寒暑的辛勤学习，华清和以其聪颖和悟性通晓了道士行业中的各项业务，并精通各类乐器，特别是弹得一手好琵琶。在华清和22岁那年，老道士羽化，华清和承袭衣钵做了雷尊殿的新当家。华清和40岁时，与前来殿内小河上秦家二房寡妇秦嫂家以帮

---

[1] 此文发表于《音乐生活报》，1994年3月4日第一版面，此处略有改动。

佣为生的吴氏互恋同居，次年生下了阿炳。阿炳出世不久，吴氏因禁不住同族胁迫而抑郁身亡，华清和亦因道教的清规戒律和繁忙的道院忏务，无暇顾及嗷嗷待哺的小阿炳，于是，把他悄悄送到东亭镇春合村小泗房的族弟媳处寄养。

阿炳出生地无锡东亭乡春合村阿炳祖居

阿炳一生中在东亭有过三次较长的滞留。第一次是出生后不久，被送到乡下抚养直到8岁进城；第二次是阿炳35岁双目失明后，经由师兄陈道士带回东亭暂住；第三次是抗日战争时期为避战祸，阿炳与董催娣一起逃难至东亭。

无锡县东亭镇素有"音乐之乡"的美誉，这里流传着丰富的吴地山歌、滩簧、丝竹乐和十番锣鼓，阿炳自小耳濡目染，为他日后的艺术创作产生了深刻影响。值得一提的是，阿炳失明之初回到乡下，他首次步入街头靠卖艺糊口，就始于这东亭镇上的茶楼。当时当地人传说，陈道士从城里带回一个能拉、能弹、能唱，能让癞蛤蟆笑豁嘴的瞎师弟。不言而喻，这位瞎师弟就是阿炳。

1993年，无锡县经济技术开发区、东亭镇人民政府及春合村委共同拨款，决定在纪念阿炳100周年诞辰之际在东亭重建阿炳故居

1993年11月钱铁民（左三）与解金福（左二）等在东亭乡春合村阿炳祖居

（阿炳原住旧房已于1990年焚毁），消息传来，得到东亭人民的热情支持和响应，故居于9月破土动工，仅用了38天时间，就按江南水乡农宅的式样建成。

修建后的阿炳故居长11米，宽10.36米，建筑面积约80平方米，房舍前三后四，建有中间客厅和两边厢房，房前还有一个小庭园。中国音乐家协会名誉主席吕骥挥毫题写了"阿炳故居"匾额。故居内珍藏有中华人民共和国成立初为阿炳的演奏录下的钢丝音带、阿炳不同年代的各种曲集版本等。无锡市惠山泥人厂精心制作了"魂系二泉"阿炳塑像。

雷尊殿故居

在无锡城中心有一座佛、道同存的崇安寺，崇安寺往东约200米，便是当年小道士阿炳栖身的雷尊殿。这座当地道教枢纽中心洞虚宫三清宝殿的子殿，历史上曾有过多次兴废。清同治十三年（1874年）也就是华彦钧出生前19年的时候，洞虚宫重新修建。重建的洞虚宫三清古殿，设灵官、火神、雷尊、长生、祖师五所道院。其中雷尊与火神毗邻，由同一山门进出。踏进门额上镌有"古三清殿"四字的山门，跂过一条石板甬，向左是火神殿，往右就是雷尊殿了。

1995年前的阿炳故居东墙

雷尊殿的中央神龛内供有"雷公""电母"两尊一人多高的主神像。从16世纪中叶至20世纪初，道教在无锡颇为盛行，以至于许多活动融合为民间习俗。每年农历六月是雷尊殿的"香汛"，当地称为"雷斋素"，届时善男信女川流不息，前来祈祷消灾避祸，免除雷击，雷尊殿犹如过节一般热闹。

阿炳虚龄8岁那年进雷尊殿当小道士，26岁时接替华清和主持道院忏务并成为苏南正一道派当家，他写檄文，画符箓掐诀念咒，步罡踏斗，建坛请神无不通晓，特别是雷尊殿做道场演奏"梵音""锣鼓"律音纯正，古朴典雅，更在城里诸道观中技高一筹。阿炳双目失明后，虽然不能再主持道院斋事，但轮到阿炳收香汛时，他仍以雷尊殿当家道士身份主持"雷斋素"。据1930年的《无锡年鉴》宗教部分记叙：雷尊殿，址崇安寺。主持阿炳，常住院一人，有房三间。1941 年的《无锡》载:"图书馆前雷尊殿,今年由街头艺人瞎子阿炳值年经营,阿炳因该殿年久失修,雷神像坏,故特募捐重修……"

据现在还在世的火神殿、水濂道院老道士尤武忠、王士贤等人回忆:1947 年,一次雷尊殿做四日谢天大忏,当时聚集了无锡地区各宫观素负盛名的"十不拆",明阳观来了朱勤甫(鼓、板胡)、灵宫殿来了王云坡(琵琶)、火神殿来了尤墨坪(三弦)等。瞎子阿炳应邀与他们一起演奏,他被扶上了鼓位。阿炳异常兴奋,他从容地摸了一下板鼓、同鼓的位置,又摸了桌边的星(双磬)、各(木鱼)、汤(七钹),提起鼓槌"扎扎 扎扎……"一套粗细丝竹锣鼓曲《十八拍》开始了。阿炳司鼓气势轩昂,明暗浓淡,抑扬顿挫,错落有致,高手们配合默契,丝丝入扣,赢得了满堂喝彩。演奏结束后,"十不拆"们无不为阿炳的高超技艺而折服。

2005 年郭一在修建中的阿炳故居现场

阿炳故居演绎

1950年夏，杨荫浏、曹安和教授就是在破败的雷尊殿偏房中找到阿炳并为他录音，留下了阿炳的六首传世名作。同年12月，阿炳在雷尊殿病故。阿炳一生在雷尊殿经历了学艺、从艺、卖艺等不同生活历程，活了近半个世纪。

2007年阿炳纪念馆开馆雷尊殿道乐演奏

1989年，无锡市人文景观研讨会向政府和有关部门正式提出在原雷尊殿处修复阿炳故居，由于多种原因未成现实。而且雷尊殿原址内四家居民住户由于无房可迁，仍住在多年失修的旧房之中。去年11月，参加"华彦钧（阿炳）艺术成就国际学术研讨会"的60余名国内外专家学者来到崇安寺，也只能从外观上观看阿炳的故居。值得欣慰的是，据今年2月8日《无锡日报》报道，在无锡市人民政府元月24日发布的全市第三批市级文物保护单位中，阿炳故居确定为市文物保护单位而且位列第一,想必不久这座貌不惊人的旧屋,将又会再现当年车来人往的盛景,那当然不再是农历六月的"雷斋素",而是一群深深为阿炳的艺术生涯而感动,敬慕阿炳的杰出艺术才能,争睹并缅怀这位盲人民间音乐家生活过的方寸土地的人们。

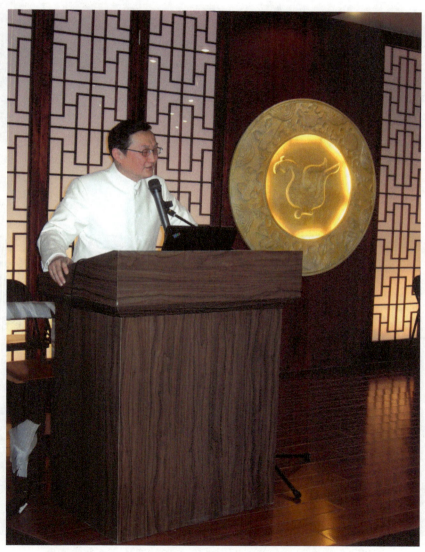

2010年钱铁民在无锡民族音乐博物馆介绍阿炳二胡、琵琶名曲

无锡道教音乐馆

1992年钱铁民（左一）、马珍媛（左四）在铁索观采访道乐

阿炳音乐采录问世之相关背景[1]

2006年元宵佳节,在灯彩缤纷的浓郁节日气氛中,由文化部、国家发展改革委等九个部门共同主办,中国艺术研究院等承办的"中国非物质文化遗产保护成果展"在中国国家博物馆隆重开幕了。中央大厅里杨荫浏当年采录阿炳的录音机和录有《二泉映月》等乐

1950年录《二泉映月》等曲的钢丝录音机

---

[1] 此文发表于无锡市民族宗教事务局、无锡市史志办公室、无锡市锡惠公园管理处,等编:《道教音乐传人——民间音乐家华彦钧》,《无锡史志》编辑部(内部出版),2006年,第228页,此处略有改动。

曲的钢丝录音带，成了展览会的亮点，吸引着众多热情的观众。早在半个多世纪之前的1950年，时任中央音乐学院研究部教授的杨荫浏和曹安和，带着这件当时尚属稀罕之物的进口录音机，从天津回家乡无锡，采录锡派道教音乐和阿炳的二胡、琵琶曲。采访并非偶然，作为著名民族音乐学家的杨荫浏先生，与道教音乐结缘深厚。据杨先生自述："我最初对音乐发生兴趣，是六七岁时结识了颖泉道士，受到他的感染而后逐渐浓厚起来的，他教我吹笛、吹箫、拉二胡、吹笙，我每天晚上都同他泡在一起，我学的大都是曲牌，后来知道这些牌子曲实际就是十番锣鼓音乐……大约在我十二三岁时，颖泉道士离开无锡走了。在此之前，我就知道有位叫阿炳的盲道人，十分精通各种民族乐器的演奏。于是我又转而向阿炳学习琵琶和三弦，曲子仍是丝竹曲牌，只是我父亲不喜欢阿炳，认为他没有礼貌，处世随便。当然父亲也知道，如果不向阿炳学习乐器，我会更调皮，这他也不高兴，所以，还是勉强同意我拜阿炳为师。"从上自述中我们可以清楚地看出：（1）杨荫浏最初的音乐启蒙是受益于道士，是道士教会他各种民族乐器的演奏；（2）杨荫浏自幼接触了大量的道教曲牌和民间音乐，民族音乐的传承和熏染给他打下了坚实的基础，为他日后对中国音乐的搜集、整理、研究开创了良好的工作条件；（3）杨荫浏早在学童时期，就与年长他六七岁的阿炳有过密切交往，阿炳杰出的音乐才能给他留下极为深刻的印象。

杨荫浏对无锡道教音乐有意识地搜集和整理始于1937年，他利用假期回无锡，对道人阚献之、朱勤甫、邬俊峰、王云坡等进行采风，收集手抄本《梵音》《锣鼓谱》两册，收集鼓谱十二阕。其中散曲80首、杂曲18首，还有《十八六四二》《马上加官》等多首。1947年、1950年杨荫浏与曹安和两次回锡，对当时盛名于苏南道教界由阚献之、谢濂山、王云坡、朱勤甫、尤墨坪、支廷桢、王士贤、赵锡钧、惠胡泉、田琴初等组成，素有"十不拆"之称的道教乐队，进行了采集，组织了演出，并在上海大中华唱片厂灌制了三张78转唱片。两次采访曲目计有《将军令》《满庭芳》《吓西风》《青鸾舞》《寿亭侯》《十八拍》《雁儿落》《翠凤毛》《甘州歌》《万花灯》《醉仙戏》《香袋》《山坡羊》《琴锣》《花半只》快、慢鼓段等。

杨荫浏

又据杨荫浏先生在20世纪70年代后期,对中国音乐研究所研究生授课时曾谈及,1949年,著名二胡演奏家教育家储师竹的学生,当年在南京车站当职员的黎松寿先生,向他介绍过黎自己在无锡老家的近邻阿炳,其高超的二胡、琵琶才艺,更使杨荫浏先生产生了非常大的兴趣。为此,杨荫浏、曹安和是肩负着发掘、保护、研究民间音乐的重任,来为阿炳录音的。杨荫浏录音后,十分喜欢阿炳的音乐,甚至在返回天津的途中,反复听《龙船》等乐曲,致使钢丝录音原声带产生了噪音。他们无论如何也想不到,这么一次普通的采录,会于不久即轰动中国乐坛,成为今日非物质文化遗产抢救、发掘、保护之经典。会让一个默默无闻,已经败落却极具音乐天才的雷尊殿道士华彦钧一举成名而蜚声中外!

1984年夏，笔者在京就阿炳的一些情况，请教过曹安和先生，曹先生说："从无锡给阿炳录音回到天津以后，我们非常喜爱阿炳的音乐，有次在放录音时，吕骥同志走过来，他边听边问'这是谁拉的，功力不凡啊！'我们告知了原委，吕骥同志了解了阿炳的有关情况，看了资料，他问杨荫浏先生：'这些录音可否借我听听？'事后一直没消息，大约过了半年多，中央人民广播电台播出了阿炳的音乐，阿炳的录音已被灌成唱片"（唱片编号为51189甲乙78转）。

曹安和

1909年出生在湖南湘潭的吕骥，1930年后曾三次入上海"国立"音乐专科学校。作为音乐理论家和音乐教育家的他，几十年来对民族音乐研究和中国音乐史都做过大量的工作。他曾撰写过我国第一篇论述继承民族音乐遗产问题的专著，写了《中国民间音乐研究提纲》。当时吕骥任中央音乐学院副院长和中国音乐家协会主席。

吕　骥

左起杨荫浏、李元庆、谭抒真、贺绿汀、李凌、吕骥，1954年摄

阿炳音乐采录问世之相关背景

吕骥本人在《关于阿炳的回忆》一文中说："听了之后，才知道这不是一般的民间音乐，也不是一般的二胡音乐，而是我国当代最杰出的音乐作品之一。"①

当他得知音研所仅把阿炳的音乐当作"这只是我们收藏的民间音乐"之后，便即刻提出："像这样的作品，不能看作一般的民间音乐，应该立即向唱片社介绍，请他们制成唱片，广泛发行，使大家知道我们有这样优美的民间音乐。"② 他还说，"特别是《二泉映月》，它是震撼人心的作品，不应该只是当作一般民间音乐资料珍品，收藏在资料室。"③

吕骥的态度，对阿炳音乐的问世，产生了关键性的作用，而他所处的位子，更为介绍阿炳音乐创造了决定性的条件。曹安和先生所讲录音带借了半年多亦没有消息，原来是吕骥在做这方面的工作。吕骥还曾有通过杨先生聘请阿炳来学院工作的打算，后因阿炳有抽大烟的不良习惯，杨先生表示不便介绍。

关于阿炳录音之后，杨荫浏先生也谈起过，"有次约在1951年年初，放阿炳演奏录音，听的人说气魄太大了，吕骥、马可在外间屋子听到，说好得不得了。可惜这个人死了，不然可以请到学校来教二胡"。

---

① 吕骥：《关于阿炳的回忆》（代序），阿炳艺术成就国际研讨会组委会编《阿炳记——民间音乐家阿炳研究文集》，北京：中国文联出版公司，1995年，第1页。
② 吕骥：《关于阿炳的回忆》（代序），阿炳艺术成就国际研讨会组委会编《阿炳记——民间音乐家阿炳研究文集》，北京：中国文联出版公司，1995年，第1页。
③ 吕骥：《关于阿炳的回忆》（代序），阿炳艺术成就国际研讨会组委会编《阿炳记——民间音乐家阿炳研究文集》，北京：中国文联出版公司，1995年，第1－2页。

王汝霖捐赠的1947年无锡正一派道士在上海大中华唱片厂录制的梵音、锣鼓曲唱片

1993年11月阿炳铜像揭幕瞬间（此铜像立于无锡市锡惠公园内，中央美术学院钱绍武教授作品）

阿炳的身世是不幸的，但他奉献给人类音乐珍品的艺术价值是无法估量的，我们在赞颂阿炳非凡的音乐才能时，在聆听他不朽的

作品时，不能忘记发现、抢救、保护、推广、研究阿炳的杨荫浏、曹安和、吕骥三位我国杰出的民族音乐家。

1987年10月钱铁民（左一）参加中国音乐史学会会议，参观工厂时与钱仁康（左二）合影

阿炳三述

2011年钱铁民在西南大学宣读《阿炳三述》论文

记得1960年笔者在报考南京艺术学院附中时,准备了一首阿炳的琵琶独奏曲《大浪淘沙》,那时对华彦钧还知之甚少。"文革"后期笔者从部队文工团转业回无锡,在从事群众文化工作的过程中,接触了一批老一辈音乐工作者、阿炳的近邻及对阿炳有所了解的人,对他有了一些粗浅的认识。20世纪80年代初,笔者有机会研读民族民间音乐理论专业,紧接着参加和主持了中国民族民间音乐(无锡地区),诸如民歌、曲艺音乐、戏曲音乐等集成工作,特别是参与了民族民间器乐集成,在抢救、收集、整理流传于苏南地区的道教音乐(十番鼓、十番锣鼓、腔口)江南丝竹等工作期间,在做了较为深入的实地调查之后,笔者对阿炳本人、对其作品及研究他的创作等诸方面的认识,有了一定的提高。现就有关阿炳的一些情况做如下简述。

一、阿炳之生平

就阿炳的生年、出身、道籍等方面,曾出现过一些不同的说法,本文并不对此细述,只是觉得有些是误传,有些则为顺应某种特定的社会背景和政治气候,有些亦不排除是出于个人杜撰。

1893年农历七月初九,阿炳生于江苏无锡,按照当时的说法,排八字先生认为阿炳的生辰八字五行缺火,遂从"南方丙丁火"中取"丙"添"火"字旁为他取名"阿炳"以讨吉利。阿炳3岁那年,江西龙虎山六十一代张天师张元旭来无锡巡幸,应其父所求,天师为阿炳赐名——彦钧。

阿炳的生父即为本地雷尊殿的当家道士华清和,华清和号雪梅,无锡东亭人。其母吴氏,原系秦姓寡妇家,以帮佣为生。华清和与吴氏只是同居,生了阿炳不久吴氏迫于生活之重压,即离开了人世。其父把他送到老家东亭乡春合村小泗房的族弟媳处,抚养至8岁时(虚龄)华清和把阿炳带回雷尊殿,阿炳开始从道学艺。

具有悠久历史的道教,传入无锡大约在公元六世纪之前,按照道教的法派,无锡地区正一、全真都有,然从道院规模、道徒人数和社会影响来看,无疑正一派占主要位置。以符箓斋醮为特色,奉持《正一经》,兼用《上清经箓》《灵宝经箓》《三皇经》的正一法派,延续到清代分为西河派系与天师派系两字辈。华清和隶属正一派天师字辈。

无锡正一派道士可以娶妻生子,一般都是自幼从道,且世代相传。从阿炳3岁时,华清和就请张天师赐道名,很明显,他早就有意让阿炳承袭他的衣钵。

正一派道士素以吹、弹、打、拉、念为做法事的基本技能,在斋醮法事中他们用独唱、吟唱、齐唱、鼓乐、吹打乐和器乐合奏等多种音乐形式,不断更换,灵活组合,恰如其分地表现出召神遣将、声势磅礴的场面,镇压邪魔、剑拔弩张的威风,盼望风调雨顺、求福祈愿的心情,以及清静无为、仙界缥缈的意境。华清和以精通道乐而名闻全城,尤精琵琶,素有"铁手琵琶"之美称,应该说是华清和良好的音乐修养,奠定了阿炳早初学艺最坚实的基础。

华彦钧有被议出道门沦为吹鼓手,又被赶出吹鼓手行列,堕落至社会最底层,以卖艺行乞为生之说。① 其实阿炳一生从没有离开过道院,他8岁进雷尊殿当小道士,30多岁双目失明。失明之前阿炳曾主持道院忏务,生活条件较为优越,至于后来他染上吸毒宿娼之恶习,经济上才入不敷出。失明之后,阿炳不能接忏,遵照"祖遗"雷尊殿当家华清和与火神殿当家顾秋庭在《拨付依据》(1924年)共立"挨年轮值之雷尊殿香汛",适逢阿炳收香汛时,他仍以当家道士身份主持雷斋素,会坐在殿前桌子中间等候香客收取香钱。② 阿炳即使在串巷走户流落街头以卖艺求生时,也并没有忘记自己还是雷尊殿的当家主持,是有过"一定身份"的人,而与一般行乞艺人不同。阿炳学道而起,从道而终。1950年12月患病身亡。他是身着"鹤氅",头上梳着道士发髻,按雷尊殿当家道士身份和待遇,供奉着由道人施泉根书写的"先祖师华彦钧霞灵位"葬在只有道士才能安葬的城西灿山"一和山房"墓地圈内。③ 目前我们还能见

---

① 中国艺术研究院音乐研究所编:《曹安和音乐生涯》,济南:山东文艺出版社,2000年,第199页。
② 1990年据火神殿客师许鹤昆回忆。
③ 1991年据尤武忠回忆。

到，就在阿炳去世前一个月，1950年11月7日，他向江苏省苏南人民行政公署税务局，缴纳字第8058号的《地价税缴款书》，上缴住址：图书馆路32号（雷尊殿）税款壹拾壹万玖仟肆佰陆拾元（旧币）的凭据。

二、《二泉映月》之定名及传播

1950年暑期，无锡籍著名音乐史学家杨荫浏、曹安和回家乡采录无锡道乐十番鼓、十番锣鼓等民间音乐，同时定于9月2日晚在城中公园附近的"三圣阁"为阿炳录音。录音之前阿炳贫病在家，他的胡琴、琵琶早损坏了，是华光国乐会的同仁钱世辰、祝世匡等从中山路华三胖所开的"中兴乐器"店里借了一把竹筒胡琴。① 琵琶则是借用曹安和先生刚在无锡购置不久的一把红木新琴。

当晚录音在场的有杨荫浏、曹安和、黎松寿、祝世匡等人。录的第一首便是后被定名为《二泉映月》的胡琴曲。关于该曲的定名，笔者曾先后采访和查阅过杨、曹、黎、祝四位先生所谈或所发表的意见。

一说，《二泉映月》是阿炳自己起的，当场黎松寿告诉杨先生，"阿炳曾学过《三潭印月》（广东音乐）曲名会否因此而触发"。杨荫浏先生在断然否定称两曲"毫无雷同可言"之后，以无锡有个"映山河"为由，将"印"改成"映"。②

另说，录音之后，阿炳说："这支曲子没有名字的，信手拉来，

---

① 1980年据祝世匡回忆。
② 胡琦：《记忆中的瞎子阿炳——黎松寿教授访谈（上）》，《无锡日报》，2007年4月30日A7版。

1950年11月21日阿炳堂兄华伯扬缴纳火神殿地税收据

1951年1月17日三清殿的地税收据（雷尊殿、火神殿同属三清殿）

久而久之就成现在这样子。"杨先生问阿炳："你常在什么地方拉？"阿炳回答："我经常在街头拉，也在惠山泉庭上拉。"杨先生脱口而出："那就叫《二泉》吧。"祝世匡说："光名《二泉》不像个完整的曲名，粤曲里有《三潭印月》，是不是可以称它为《二泉印月》呢？"杨先生说："'印'字抄袭得不够好，我们无锡有个映山河，就叫它《二泉映月》吧！"是杨先生定了名，而阿炳当即点头同意。①

据无锡一些老人回忆，阿炳在卖艺时，时常会拿出一本"折子"，上面列有各种曲名，随客点奏，如《汉宫秋月》《梅花三弄》《三六》或广东音乐《小桃红》《雨打芭蕉》等。②按"一说"来理解，既然阿炳常拉此曲，喜欢拉此曲；又是自己定名的《二泉印月》，怎么至今没有发现，有老人或道教同仁谈及："哦！是有点过一曲叫《二泉印月》的。"或"倒是听见过拉叫《二泉印月》的胡琴曲的"。大家都只是回忆起，阿炳说唱新闻，或当点奏《龙船》等乐曲时，他那忘情表演的生动情景。

"黎松寿先生是阿炳的近邻，9岁开始学习二胡，刚开始拉得不好，因此总是把原因归咎于琴不好，是阿炳给了他示范和指导，并鼓励他通过不断练习把琴学好，此后，两人的交往总是离不开音乐，阿炳还曾向祖籍广东且学过广东音乐的黎老'取经'。"③

黎先生是1948年冬经杨荫浏教授的介绍，"在南京古林寺国立音乐院进修，向民乐大师刘天华的大弟子储师竹先生学习刘天华十大二胡名曲。有一天黎松寿去回课，因为天冷，他就在外面先活动一下手指，无意中拉了一段阿炳《二泉映月》中的主要旋律。储师竹教授立刻被这凄美的旋律深深地吸引了。他请黎松寿完整地演奏

---

① 祝世匡：《〈二泉映月〉的定名经过》，《无锡报》，1979年8月14日。
② 华钰麟：《我所了解的瞎子阿炳十个谜之二》，《无锡新周刊》，2007年4月30日A8版。
③ 胡琦：《记忆中的瞎子阿炳——黎松寿教授访谈（上）》，《无锡日报》，2007年4月30日A7版。

了这首乐曲，并追问它的作者。经黎松寿解释，方知这是江苏无锡民间艺人瞎子阿炳创作的乐曲，还没有曲名"①。

　　从上述介绍中可以看出，黎老与阿炳的交往并非短暂，既然已经能把一首乐曲完整地演奏下来，当时怎么就没问问曲名？抑或阿炳不肯说？或者曲名是在阿炳不奏音乐两年后，而录音后，"思考了多时，喃喃说道'那就叫它《二泉印月》如何？'"② 据杨荫浏先生记述，录完音后，问起曲名时，阿炳曾说："这曲原来是道家的唢呐曲。"③

　　祝世匡是一位无锡地区颇具影响的民族器乐演奏家，工于胡琴、古琴、筝，尤擅琵琶，20世纪60年代曾作为琵琶老师任教于沈阳音乐学院（祝先生9月2日、3日两晚，阿炳录音都在现场）。无锡《晓报》老记者华钰麟先生，在《我所了解的瞎子阿炳十个谜》④之七说，阿炳没有"挚友"，只有"知音"：

　　1. 抗日战争前杨荫浏；2. 抗日战争后直至阿炳临终的祝世匡。文中说，"祝世匡是祝栈弄巨商之后，资财雄厚，一生不求名利，只醉心于音乐……对各种中西乐器都很精通，他不顾家人反对，与形同叫花子的阿炳来往"，二人相互切磋琴艺，过从甚密。又说阿炳与祝都有喜欢咬指甲的坏习惯，在弹琵琶时又不戴铜指甲，因此琵琶的音色特别厚润。笔者年轻时，曾受益于祝先生的指教，转业回锡后，就无锡的地方音乐常常求教于他。在一些人眼里，祝世匡的脾气有些怪，他平时话语不多，但只要"弄音乐"就可以什么都不顾，晚年的他已80多高龄，又患白内障，凡丝竹乐队活动，先生可以步行数小时，还夹带着自刻自印（油印）的乐谱，赶来排练，从不缺席。时有数人合乐时，他觉得合者技艺相当，就可以一口气

---

　　① 李岚清：《我国民族音乐的奇才——我心目中的阿炳》，《人民音乐》，2007年第3期。
　　② 黎松寿，张伯祎：《阿炳传略》，南京：南京出版社，1993年。
　　③ 文化部文学艺术研究院音乐研究所编：《阿炳曲集：简谱版》，北京：人民音乐出版社，1964年，第6页。
　　④ 《无锡新周刊》，2007年4月30日A8版。

奏上多曲，倘若他觉得与你合不来，干脆就不弄，一句话也不说。

20世纪70年代后期，当时文学界、戏剧界对阿炳的事迹兴趣甚浓，有在电视剧中写华清和与二少奶奶偷情生了阿炳，有剧本在《琴辨》一折把阿炳神化，说他凭听音就能断定唐朝古琴的真伪，又有把阿炳说成为一个抗日英雄等。一家著名媒体来锡召集相关人员开座谈会，要了解阿炳的情况，祝世匡先生应邀与会，会后笔者问他："祝老师，你怎么不发言呢？"先生轻轻一笑说道："他们讲的阿炳我不认识，我要讲的阿炳他们肯定不要听啊。"

《二泉映月》究竟是如何定名的，是一说，还是另说？杨、曹、祝三位已先后作古。吕骥先生1994年在所撰《关于阿炳的回忆》一文中说："1950年暑假去无锡录音时，作者还没有标题，录音后，杨先生与作者商量，才选定了杨先生提出的这个曲名，我听了多次以后，才领会到这首名曲。"[①] 笔者以为吕骥先生这段话应该是非常重要的。尽管目前尚没有一个肯定的说法，阿炳的音乐却已为亿万人民所喜爱。

三、阿炳之故居

2007年5月3日，在位于崇安寺生活步行街区南部，图书馆钟楼东侧的阿炳故居，经过三年多论证、修缮、布展之后，终于以全国重点文物保护单位"阿炳纪念馆"的名义正式开馆了。开馆的阿炳故居占地1800平方米，整个工程分两期实施，预计投入5000万元。"阿炳纪念馆"由李岚清同志题字。馆内共分五个展陈厅，分别为一号生平厅、二号音乐成就厅、三号生前起居厅、四号音乐赏析厅和五号无锡道教音乐文化厅。阿炳故居之修复，可说是文物修

---

① 阿炳艺术成就国际研讨会组委会编：《阿炳论——民间音乐家阿炳研究文集》，北京：中国文联出版公司，1995年，第2页。

复史上的一个创举，无锡市人民政府，尤其是崇安区人民政府，倾

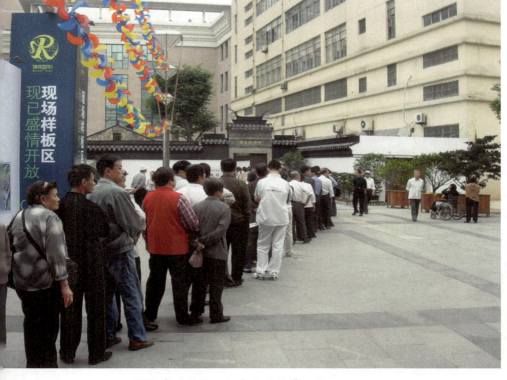

2007年5月阿炳纪念馆开馆第二天

注了巨大的心血！一座已经严重腐坏、风雨中随时都会倒塌的破瓦房，要"原样保留""以旧修旧"谈何容易！修复中他们采取了罕见的举动，将一根根不锈钢丝嵌入砖与砖之间，并在缝隙处用针筒注入胶水；为了"揭顶换椽"，将房顶整体卸除再合上，再卸除再合上，将拆下的砖瓦和木材编号，可以用的放在原位，不可用的要找来同年代同质地的代替……

阿炳8岁从道，57岁去世，一生没有离开过雷尊殿，据史料记载，宋大中祥符三年（1010年），洞虚宫重建于城中大市桥静慧寺左（今图书馆路），其宫观规模，明代就有三清、玉皇、雷尊、七元、真武、三官、太乙、长生等八殿和魁星、玄都、涵碧、吟仙诸

楼阁。历史上曾因战乱、火灾而毁废达四五次之多,清同治十三年(1874年)又重建了三清殿及下设灵官、火神、雷尊、长生、祖师五所道院。1941年《无锡报》载:"图书馆前雷尊殿,今年由阿炳值年经营,阿炳因该殿年久失修,雷神像坏,故特募捐重修,由邑人王君、李君等捐助,已将头门修葺一新,雷尊神像亦重塑……"20世纪50年代初,尚存有雷尊殿、火神殿、玉皇殿等旧址,如今这三座旧址都得以保留,有的复修、有的重建。

开馆后的"阿炳纪念馆"有三件展品笔者以为颇为珍贵:

其一,阿炳当年录音之琵琶,诚如前述,该器为曹安和先生所有,先生特别钟爱此琴,要给外宾演出时才舍得拿出来。陈泽民是中央音乐学院的琵琶教授,中华人民共和国成立后不久即师从曹安

2007年4月,日本友人笹本二郎(左二)在给阿炳纪念馆捐赠有关资料的捐赠书上签字

和先生学习琴艺，师生情谊甚笃。1989 年，84 岁的曹安和，将这把琵琶赠送给了他。自此，陈先生抱着此琴出访了日本、中国台湾等国家与地区。先前曾经有个台湾人想要重金收购，被曹安和先生拒绝了。2001 年，笔者与陈先生在沪一起参加"汪昱庭琵琶艺术国际学术研讨会"，陈就带着此琴，商谈中先生希望这把琵琶有个好的归宿，以告慰恩师，告慰阿炳。

2005 年 6 月，陈泽先生携琴来锡，亲自把它捐赠给了崇安区，存在阿炳故居之内，震响着阿炳所弹《大浪淘沙》《龙船》《昭君出塞》等名曲的琵琶，重回了故里。

其二，《瞎子阿炳曲集》初版，该书为杨荫浏、曹安和、储师竹合编。1952 年，由上海万叶书店出版。《阿炳曲集》有数十种版本，仅自初版至 1964 年就印刷了 11 次之多，然事隔半个多世纪，

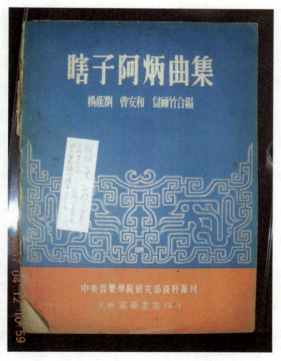

1952 年万叶书店初版的《瞎子阿炳曲集》，
封面小纸条乃日本友人笹本二郎亲笔赠呈字迹

再要寻觅初版，已经颇为艰难了，是一位钟情于阿炳音乐的日本友人笹本二郎先生，听说阿炳故居不日将要修复开放，于2007年4月风尘仆仆从日本带着他数十年来所珍藏的初版曲谱、音带、节目单等有关阿炳的资料，前来无锡捐赠于阿炳故居。

笹本先生为日本相模原市人，身为中国音乐爱好会会长的他，经营着一家和音乐出版事业有关联的公司，他曾多次前来无锡，并自习二胡，他无论作为一个《二泉映月》的超级迷，还是作为中国音乐的超级迷，都为促进中、日两国音乐文化的交流，发挥着积极的作用。

其三，雷尊殿里的老照片。

走进故居，在重建雷尊殿的东墙上，一眼就可以看见玻璃陈列橱内张挂着一张张彩色照片，这些照片展示着无锡道教音乐代表性乐种的演奏场面，有梵音（十番鼓），有锣鼓（十番锣鼓），有腔

2007年阿炳纪念馆开馆时雷尊殿东墙布置的道乐演奏照片

口，有铙钹曲等，阿炳自进道院至临终一生没有离开过这些音乐，这种场面亦是阿炳最熟悉不过的，他自己常置身其中，或击鼓或弹弦或拉琴或引吭高歌，锡派道教音乐犹如肥沃的土壤，犹如乳汁一般滋润着他，哺育着他，并奠定了他艺术创造的深厚传统修养和技术基础，使阿炳自幼对民族民间音乐怀有极为深沉的爱，亦是这些音乐中那弱奏若行云流水，强奏若雷霆万钧的意境和形象，影响着阿炳在作品中表现那种不畏强暴，敢于抗争，以及渴望美好生活，以寻求精神慰藉的深刻内涵。

这些照片是笔者于20世纪80年代末至90年代中期，在主持中国民族民间器乐无锡道教音乐集成时拍摄的。奏乐场面中的道士，当时的平均年龄在70岁左右，他们个个都是锡城正一派的道乐高手，其中有5人还是20世纪三四十年代，苏南地区一支最富生气且奏艺精湛的道乐演奏班子、素有"十不拆"之称的重要成员。他们有的来自火神殿，有的来自水濂道院，有的来自明阳观，有的亦来自泰伯庙和铁索观，难能可贵的是，他们中的不少人，都曾与阿炳同做道场于一室，都曾与阿炳共奏过梵音锣鼓；1921年，美国波士顿交响乐团著名小提琴爱希汉，不远万里，两次来锡聆听他们演奏的梵音锣鼓音乐；1947年，他们赴沪灌制锡派道乐唱片；民国36年（1947年）雷尊殿无极坛做罗天大醮，"十不拆"还把华先生（阿炳）请上鼓位，激情演奏了粗细丝竹锣鼓曲《十八拍》……

道乐客师，除一位阿炳喊他叫"小墨子"（其父尤墨坪为火神殿道士，与阿炳同辈）的尤武忠尚健在之外，其余都已仙逝。如今他们又都回到了雷尊殿，回到了他们所尊敬、所熟悉的华先生身旁，又可以陪伴着"公"一起围坐于忏堂，在道教所构筑的神仙乐园里，演奏他们深爱的音乐，吹一曲《将军令》，敲一套《万花灯》，拉一首《醉仙戏》，同唱《赞三宝》……

雷尊殿东墙上的照片中的他们是王士贤、伍一鸣、伍鼎初、谢濂山、许鹤昆、赵锡钧、朱寿庆、奚裕生、顾福昌、朱嘉宇……

阿炳是无锡正一道中涌现出来的杰出代表，更是我国民族民间音乐中涌现出的杰出代表,他的音乐将永远在我们心中吟唱。

2017年6月钱铁民在雷尊殿前介绍阿炳与无锡正一派道乐

锣鼓梵音演奏会节目单

国粹绝妙古乐
锣鼓梵音演奏会

敦请音乐专家
杨荫浏先生参加演奏
道教音乐名手
阚献之先生情商邀请

赵锡钧　支廷慎　尤勤甫　朱云坡　王士贤　谢莲山

演奏节目

八月廿五日日场（下午五时起）
一　锁呐　将军令
二　粗锣鼓　十八六四二
三　梵音合套　满庭芳
四　笛吹　吓西风

八月廿六日日场（下午五时起）
一　锁呐　山坡羊
二　粗锣鼓　琴锣
三　梵音散套　雁儿落
四　笛吹　翠凤毛

八月廿五日夜场下午八时半起
一　梵音合套　青鸾舞
二　笙吹锣鼓　寿亭侯
三　梵音散套　花半只
四　十番细竹锣鼓　十八拍

八月廿六日夜场下午八时半起
一　梵音散套　甘州歌
二　笙吹锣鼓　阴送
三　梵音合套　醉仙戏
四　笛吹锣鼓　万花灯
五　十番粗细丝竹锣鼓　香袋

❋假座公园咖啡冷饮室演奏❋
西餐冷饮经济实惠

无锡道教音乐"十不拆"部分名手

尤墨坪

朱勤甫

王士贤

伍鼎初

谢濂山

杨荫浏与阿炳[1]

69年前杨荫浏先生一次不经意的采录，震惊了中西方乐坛，千百万人被采录者的音乐所感动，成千上万爱好音乐的人们，都竞相学习和演奏他的作品，世界一流的音乐团体如美国波士顿交响乐团，费城交响乐团，德国斯图加特交响乐团，法国里昂交响乐团等都曾经把他的作品视为东方经典名曲来演绎。他就是与杨荫浏先生相交了40多年，无锡崇安寺三清道院雷尊殿一个已经贫苦潦倒的正一派道士华彦钧（阿炳）。

杨荫浏与阿炳的交往可以分为五个阶段，即相识、相交、采录、整理研究、推广。

一、相　识

出生于1899年的杨荫浏比1893年出生的阿炳小6岁，据杨先生自己说，他的民间音乐启蒙老师最初是一位名叫颖泉的道士，后颖泉要当观主无暇再来。[2] 之后，12岁的杨荫浏曾因听到过阿炳出

---

[1]　2019年10月25日，笔者在无锡市举办的《纪念杨荫浏先生诞辰120周年研讨座谈会》上的发言。

[2]　华蔚芳：《杨荫浏年表》，中国艺术研究院音乐研究所编《杨荫浏集》（第13卷），南京：江苏文艺出版社，2009年，第313页。

色的演奏，敬慕他的技艺，在 1911 年结识了他。十八九岁的阿炳其时已经是无锡道教界稍有名气的"小天师"了。杨荫浏跟他学习"在三弦和琵琶上寻到'三六''四合'和其他一些曲调的弹法"①。杨家所住的留芳声巷与雷尊殿近在咫尺，三两天教一次，持续约一年的时间，杨荫浏与阿炳之间，建立了比较亲密的关系。后来因杨先生的父亲觉得自己的儿子，跟一个小道士成天混在一起有失面子，也不利于学业，而终止了他们的交往，把杨荫浏带到了天韵社拜吴畹卿为师。

二、相　交

天韵社是无锡地区起始于明天启崇祯年间，有着悠久历史的音乐社团。杨荫浏师从身为天韵社社长的吴畹卿，乃是当时全国颇具影响的知名曲师。吴畹卿教授少年杨荫浏昆曲、琵琶、三弦、古琴等唱奏技术，也许是受道士阿炳的影响，杨荫浏对道教音乐产生了浓厚的兴趣，他并没有真正与阿炳中断交往，而是时不时地向包括阿炳在内的其他许多道士，民间吹鼓手等学习多种器乐的合奏。

杨荫浏在 1920—1930 年这段时间，师从美国传教士郝路义女士学习西洋作曲技术，他做过中小学校的老师，信过基督教。1936—1937 年任哈佛燕京学社研究员，同时在燕京大学音乐系教中国音乐史课。先生没有忘记阿炳，他利用回锡的机会，多次去看望阿炳并与他交流，其时 40 多岁的阿炳因年轻时生活方面的不检点——吸毒、嫖娼，已经双目失明了。1937 年春，杨荫浏与阿炳见面，阿炳"要我拨着他的手指，使他在琵琶上摸索到'将军令'曲中'撒

---

① 杨荫浏：《阿炳小传》，文化部文学艺术研究院音乐研究所编《阿炳曲集：简谱版》，北京：人民音乐出版社，2003 年，第 4 页。

鼓'的弹奏方法"①。

  同年，杨荫浏经无锡正一派道乐名家阚献之、朱勤甫、邹俊峰等协助，搜集到了数十首锡派道教音乐抄本。

  20世纪40年代中后期，杨荫浏任国立音乐院的教授，还兼任国立礼乐馆，金陵女子大学音乐系等单位的音乐教育工作。1947年，当无锡道教界素有"十不拆"之美称的道乐高手阚献之、朱勤甫、邹俊峰、王士贤、谢濂山、尤墨坪、赵锡钧、伍鼎初等，应上海有位精通昆曲、京剧、击鼓艺术的红豆馆主溥西园和上海银行界的邀请，行将赴沪演出"梵音""锣鼓"之前，锡派道乐聘请杨荫浏作为顾问，帮助他们排练道乐，杨先生特意把阿炳请来旁听，流落街头，贫病交加多年的阿炳听后感慨万千，他对杨荫浏说："我听着听着，仿佛在和大家一同演奏，以前乐事，重上心头，真是不可多得。"②

三、采 录

  主要是指1950年夏，杨荫浏、曹安和在无锡对阿炳所做的那次"不经意"的采访和录音。其时杨荫浏教授已随国立音乐学院从南京迁至天津，担任研究部研究员，兼古乐组长，并着手筹建中央音乐学院。据杨先生回忆，他们回无锡老家是为昆曲鼓板，苏南十番鼓与十番锣鼓及阿炳的演奏录音，所以还带上了一架当时很罕见的进口钢丝录音机。

  1950年时的阿炳已经是穷困潦倒之极了，重病缠身不说，胡琴琴筒的蛇皮被老鼠咬破，琵琶也断折了，说唱新闻也不做了，基本

---

  ① 杨荫浏：《阿炳小传》，文化部文学艺术研究院音乐研究所编《阿炳曲集：简谱版》，北京：人民音乐出版社，2003年，第4页。
  ② 杨荫浏：《阿炳小传》，文化部文学艺术研究院音乐研究所编《阿炳曲集：简谱版》，北京：人民音乐出版社，2003年，第4页。

上失去了糊口的能力。当得知自己的好友，自己心目中的大音乐家杨先生要为他的音乐录音时，阿炳感到无比的欣喜。没有乐器怎么办？无锡华光国乐会的钱世辰、祝世匡、黄宏若等三人，从中兴乐器店华炳康（三胖）老板那里借了一把竹筒胡琴给阿炳。琵琶则是借用了曹安和先生刚定做的一把红木新琴。技艺荒疏已久的阿炳在拿到乐器后，一连三天上街重操旧艺。

9月2日晚，在公园旁三圣阁阿炳录下了《二泉映月》《听松》《寒春风曲》三首二胡曲。时隔数天的下午，在曹安和盛巷28号的曹宅楼上，录下了《大浪淘沙》《龙船》《昭君出塞》三首琵琶曲，当时外面下雨，所以在现今保存的钢丝录音带中能依稀听出淅淅的雨声。

阿炳的六首乐曲录音都是一遍就成，当他听到录音机里回放出自己演奏的琴声时，愉悦之情溢于言表。

阿炳所录音的六首乐曲，有五首他都能当场说出曲名，甚至按他自己的理解说出曲子的由来，如《听松》，阿炳说："这曲是宋时一个和尚做的，原来的名称就叫《听松》，他是跟一位惠泉山寺院里的和尚学来的。"① 唯有录制的第一首长达6分36秒的胡琴曲，阿炳说不出曲名，只是说"这曲原来是道家的唢呐曲"②，此曲就是其后名扬四海的《二泉映月》。

关于《二泉映月》的定名有多种说法，这里姑且不去赘述。但是从各家的不同说法中看，笔者曾先后采访和查阅过杨荫浏、曹安和、黎松寿、祝世匡四位当时在录音现场的先生（黎松寿没有参加琵琶曲的录音），根据他们所谈或所发表的意见来看，杨荫浏肯定是《二泉映月》定名的关键人。

9月2日录音结束之后，兴致所至，杨荫浏还与阿炳合奏了一

---

① 杨荫浏：《乐曲说明》，文化部文学艺术研究院音乐研究所编《阿炳曲集：简谱版》，北京：人民音乐出版社，2003年，第8页。
② 杨荫浏：《乐曲说明》，文化部文学艺术研究院音乐研究所编《阿炳曲集：简谱版》，北京：人民音乐出版社，2003年，第6页。

曲《三六》重温旧谊。杨先生为阿炳忘情的拉奏和高超的变化技法而折服、惊叹。可惜带去的钢丝录音带不够，没能采录。

数天后，三首琵琶曲录音结束，大家一起喝茶，吃糖竽头，还引发了一段阿炳属蛇，杨先生属猪，阿炳用算命先生的口吻调侃着说"己亥一冲"的佳话。

1984年，我去北京中国音乐研究所拜访曹安和，曹先生说，录音后知道阿炳生活困难，杨荫浏先生就给阿炳寄过四五十万圆钱（旧币）。华光国乐会的团员来信说，阿炳的事情请杨先生放心，由他们来管吧。据笔者了解，平时马少初、钱世辰等都不时送些零钱给阿炳。

四、整理研究

录音后，杨荫浏十分喜欢阿炳的音乐，以至在返回天津途中的列车上，反复听赏《龙船》，致使钢丝录音带出现了一些嘈音。从当时给阿炳录音的初始来说，诚如杨荫浏多年一贯的做法，大量收集采录民族民间音乐的资料，以便日后分门别类地仔细研究。

一次偶然的机会，让时任中国音乐家协会主席的吕骥听到了阿炳的录音，他在《关于阿炳的回忆》文中说："听了之后，才知道这不是一般的民间音乐，也不是一般的二胡音乐，而是我国当代最杰出的音乐作品之一。"[①] 当他询问音研所负责人李元庆时，李说："这只是我们收藏的民间音乐。"[②] 之后，吕骥"即刻向他们提出，像这样的作品，不能看作一般的民间音乐，应该立即向唱片社介绍，请他们制成唱片，广泛发行，使大家知道我们有这样优美的民

---

① 阿炳艺术成就国际研讨会组委会编：《阿炳论——民间音乐家阿炳研究文集》，北京：中国文联出版公司，1995年，第1页。

② 阿炳艺术成就国际研讨会组委会编：《阿炳论——民间音乐家阿炳研究文集》，北京：中国文联出版公司，1995年，第1页。

间音乐，特别是《二泉映月》，它是震撼人心的作品。"①

20世纪80年代，曹安和曾经给我讲述过这件事情的来龙去脉。谈起吕骥借走了阿炳的录音带后迟迟不归还，他们也不好意思催问，大约事隔半年多时间，就听到电台播放了阿炳的音乐，知道阿炳的作品已经被灌制成唱片发行了。

在杨荫浏的带领下，杨先生与曹安和、储师竹等对阿炳的二胡琵琶曲作品进行了记谱，拟定了弓指法和弹奏法等繁复的整理工作。

虽然杨先生与阿炳有数十年的交情，但是为了更准确地撰写阿炳的身世，从道学艺的经历，流落街头，生活习惯等，杨先生通过多种途径，向无锡不少与阿炳有过交往，了解阿炳情况的朋友核对事实。在此基础上他撰写了《阿炳小传》《乐曲说明》《阿炳技艺的渊源》，以及阿炳乐曲里《关于速度用语的说明》《关于滑音符号的说明》等文章，并于1952年由上海万叶书店正式出版了。由杨荫浏、曹安和、储师竹三人合编的《瞎子阿炳曲集》在1954年改名为《阿炳曲集》，由音乐出版社在上海出第一版，同年再出修订本。自初版至1964年，12年来《阿炳曲集》就印刷了11次之多。

五、推 广

自阿炳作品问世以来，杨荫浏对阿炳音乐的推广从来没有停歇过。他与曹安和根据不同时期，不同的报纸杂志，或者电台，或其他媒体，或教育，或文艺演出等需要，着力宣传阿炳，介绍阿炳。他们先后发表了《阿炳其人其曲》《二泉映月的作者——阿炳》《回忆民间音乐家阿炳》等多篇文章。

---

① 阿炳艺术成就国际研讨会组委会编：《阿炳论——民间音乐家阿炳研究文集》，北京：中国文联出版公司，1995年，第1页。

杨荫浏在阿炳音乐的推广方面，笔者认为其最重要、最有意义、最高明处是，杨先生这个从旧社会走过来，既全面接受过中国传统文化教育，又系统地接受过西方文化教育的知识分子，他通晓古今，深识时务，在20世纪50年代初，他意识和敏锐地感受到了当时的政治气氛，充满智慧地在推出阿炳之时，就把阿炳赶出了道观，说阿炳便只能离开了道门，开始以卖唱为生，淡化阿炳身上的道教色彩，甚至让阿炳与宗教绝缘。杨荫浏在介绍阿炳时说："从演奏者的阶级成分来看，能奏音乐的道士，是一般所谓道众，与拥

2019年10月钱铁民（左三）在无锡市纪念杨荫浏诞辰120周年研讨会上发言

有庙产的道会士和法师等不同。"凭借杨荫浏1911年就与阿炳结识，数十年的交往，他不可能不知道阿炳承袭了华清和的衣钵，是一个有庙产的雷尊殿当家；不可能不知道阿炳染有吸毒、嫖娼的恶习；不可能不知道按照中华人民共和国成立初期划分阶级成分的当口，倘若要给阿炳划阶级成分，阿炳肯定进不了贫下中农的行列。事实上在阿炳临终前27天，他还向无锡地税部门交纳过雷尊殿的地税，这里可以非常清楚地说明两点：一、阿炳是有道产的；二、阿炳从来没有离开过道院，而是从道终身。

20世纪70年代中期，曾经有人认为杨荫浏介绍阿炳失实，议论颇多。笔者认为，杨荫浏完全出于应顺50年代那种，看作品要看作者的阶级立场，看作者的出身、阶级成分，看作者的世界观、政治态度，以一种简单的"三段论法"来评定人的做法。从而一再把阿炳议出道门，使其沦为吹鼓手，又被赶出吹鼓手行列，堕落至社会的最底层，成了以卖艺行乞为生的叫花子。后杨先生又通过《阿炳小传》介绍阿炳说唱新闻的内容，如"阿炳爱憎分明，他经常运用他的歌喉，对旧社会中的邪恶势力、卑劣行为进行暴露和抨击"[1]，管你是什么恶霸地主，国民党高官，敌伪警察局长等，阿炳无所惧怕，他用幽默、顺畅，老百姓人人听得懂的歌调，痛斥这些败类的丑恶行径。杨荫浏以他超人的智慧，标树了一位苦大仇深，不畏强暴、勇于抗争的民间音乐家。救了阿炳，也救了《二泉映月》。

如今阿炳的音乐已经走进了千家万户，举世皆知《二泉映月》之名，举世皆知华彦钧"瞎子阿炳"之号。[2] 1959年，《二泉映月》被灌成献礼唱片，作为国礼送给来华参加中华人民共和国成立十周年庆典的外国友人。"1985年，《二泉映月》在美国被灌成唱片，并在流行全美的11首中国乐曲中名列榜首。今年，《二泉映月》和

---

[1] 杨荫浏：《阿炳小传》，文化部文学艺术研究院音乐研究所编《阿炳曲集：简谱版》，北京：人民音乐出版社，2003年，第3页。

[2] 中国艺术研究院音乐研究所编：《杨荫浏全集》，南京：江苏文艺出版社，2009年，序。

《大浪淘沙》又荣获20世纪华人音乐经典的荣誉奖。"① 一首让世界著名指挥家要跪着听的神曲，一位要把他的伟大的名字"用黄金写在中国音乐史上"②的盲人音乐家——华彦钧。发现、抢救、研究、造就他如此辉煌成就者，曹安和、吕骥等功不可没，而杨荫浏更是功垂千秋！先生之学识，先生之道德，先生之风范，先生对阿炳之钟情，诚如田青先生在为洋洋13卷《杨荫浏全集》所作序中所言"世有伯乐而有千里马，世有杨荫浏而有华彦钧也"③。

---

① 钱仁康：《阿炳的艺术成就从何而来》，阿炳艺术成就国际研讨会组委会编《阿炳论——民间音乐家阿炳研究文集》，北京：中国文联出版公司，1995年，第119页。
② 阿炳艺术成就国际研讨会组委会编：《阿炳论——民间音乐家阿炳研究文集》，北京：中国文联出版公司，1995年，第1页。
③ 中国艺术研究院音乐研究所编：《杨荫浏全集》，南京：江苏文艺出版社，2009年，序。

阿炳生平简编

（1893—1950 年）

  阿炳（华彦钧）是 19 世纪末至 20 世纪中期生活在社会底层的民间艺人，生前没有关于其个人生平方面的专门记载，现根据同期人与后人的回忆，以及相关辅助材料，大致勾勒出他 57 年的人生轨迹。笔者将阿炳的一生分为幼年、习道、从道、卖艺、录音五个时期，分述如下。

一、幼　年

时间：1893—1900 年（1—8 虚岁）
生活地点：无锡东亭小泗房
相关资料：

（一）阿炳出生与父母

1. 阿炳 1893 年阴历七月初九出生。①
2. 他（阿炳）说："我是癸巳年，属蛇。"我（杨荫浏）说：

---

① 杨荫浏：《阿炳小传》，文化部文学艺术研究院音乐研究所编：《阿炳曲集：简谱版》，北京：人民音乐出版社，2003 年，第 1 页。

"我是己亥年,属猪。"①

3. "阿炳原来是本地雷尊殿当家道士华清和的独生儿子……阿炳之母吴氏,原系秦姓寡妇,以帮佣为生。"②

(二)地域环境

东亭简介:东亭位于无锡城东,距城区约五六公里,旧名隆亭。东亭水脉纵横,富庶秀美,是一座历史悠久、人文荟萃的重镇,曾涌现出唐代诗人李绅、元代画家倪云林等文化名人。

(三)音乐环境

锡东地区民间音乐丰富,品种繁多,如吴地山歌、丝竹、吹打、锣鼓、昆曲、滩簧等,极为普及且深受百姓的喜爱。编订出版我国第一部《琵琶谱》的华秋萍、华子同等就是锡东地区荡口人。

1. 著名文化学者钱穆(锡东荡口人)在他的《八十忆双亲》一文中回忆:"泾西约五百步又一桥,名丁家桥。桥北一村,名丁家村,乃七房桥乐户,袭明代旧制。世习昆曲锣鼓,歌唱吹打。每一家有事,亦毕集。遇喜庆,即在宅前大厅搭台唱昆曲,打锣鼓。或分两台,或只一台。或一日夜,或三日夜不等"。钱穆还说:"先兄喜音乐,能多种乐器,尤擅琵琶与笙,余喜箫笛,寒暑假在家常兄弟合奏,先兄又能指挥锣鼓,每逢春节,鸿议堂锣鼓喧天。"③ 钱穆先生的自述,清楚地表明了袭明代旧制,世袭的昆曲锣鼓、歌唱吹打在锡东地区很普及、很活跃,已深深融合于民间习俗之中。

2. 著名科学家钱伟长先生(钱穆侄子)亦曾回忆说:"幼年生活虽然清苦,但每逢寒暑假,父亲和叔父相继回家,就在琴棋书画

---

① 杨荫浏:《阿炳小传》,文化部文学艺术研究院音乐研究所编:《阿炳曲集:简谱版》,北京:人民音乐出版社,2003 年,第 1 页。

② 杨荫浏:《阿炳小传》,文化部文学艺术研究院音乐研究所编:《阿炳曲集:简谱版》,北京:人民音乐出版社,2003 年,第 1 页。

③ [美]邓尔麟著:《钱穆与七房桥世界》,蓝桦译,北京:社会科学文献出版社,1998 年,第 99 页。

的文化环境中，享受到华夏文化的陶冶……一到晚饭后，每天有一小时的音乐活动，父亲善琵琶，四叔善箫，六叔好笛，八叔拉一手好二胡，他们合奏时，祖母、母亲、婶婶和弟妹等围坐欣赏，经常有邻居参加旁听，我听长了，亦能打碗击板随乐……"①

3. 钱阿福（1907—1993年2月）出生于东亭竹园里（与阿炳同村），有"吴歌王"之美称，虽是文盲，但自幼喜欢唱山歌，会唱数千首四句头小山歌和多部长歌，他演唱的长篇叙事吴歌《沈七歌》引起了多国民间文艺学者的关注②。1989年前后，钱阿福接受过来自日本、法国、德国、英国、新加坡、菲律宾、加拿大等20多个国家的文化学者的采访。③ 笔者也曾多次采访过他，并记录和整理过他演唱的山歌，他是一个可以不需要用任何语言，就凭唱山歌来对话、来表达情感的歌王。

4. "东亭出道士"，这是笔者于1987—1992年在无锡地区从事道教音乐采录时，从众道长那里了解到的。"长于华彦钧数辈，或同辈的道乐名师高新甫、谢梅初、谢桂初"④，包括阿炳的父亲华清和都是东亭乡人。

几点推想：

1. 关于阿炳究竟是华清和的干儿子、私生子还是独生子，杨荫浏先生在他不同时期出版的阿炳曲集中，有一个变更的过程，我们现在采用独生子的说法是以后期出版的《阿炳曲集》为准的。

杨荫浏先生在《阿炳小传》里说："在旧时代，寡妇嫁人，为

---

① 钱铁民：《钱穆、钱伟长叔侄谈丝竹》，《祠堂博览》2007年增刊（总13期）第21页，无锡祠堂文化研究会，无锡市吴文化研究会钱镠研究分会合办。

② 无锡县民间文学"三套集成"办公室编：《山歌大王钱阿福》，《中国民间文学集成》之《无锡县长篇叙事吴歌集》，第402页。

③ 朱海容：《古吴春秋——无锡民俗文化》（中），乌鲁木齐：新疆青少年出版社，1994年，第58、64页。

④ 钱铁民，马珍媛：无锡道教科仪音乐研究（上），北京：文化艺术出版社，2017年，第13页。

封建礼教所不容；吴氏初与华雪梅同居，即遭同族中间顽固分子的时时辱骂，说他败坏了秦家名声；生了阿炳之后，受辱更甚，终于被胁迫回秦家，于1896年抑郁而死。"① 从中可以看出，尽管无锡正一派道士是可以结婚生子的，但是华清和与吴氏只是私下同居，迫于社会环境和多方压力，华清和并没有公开承认过阿炳就是自己的亲生子。诚如黎松寿先生1951年发表在《晓报》上的《江南民间艺人小传——瞎子阿炳》一文中说："他（华清和）只说阿炳是旁人过继给他的儿子。"②

此外，阿炳虚龄四岁时母亲病故，所以他没有得到过母爱，幼年寄养于东亭也就是四五年。

2. 阿炳幼年生活在东亭，从小就耳濡目染锡东地区盛传的丰富多样的吴地山歌、滩簧、锣鼓、昆曲、吹打等民间音乐，这对他成年后的习艺生涯产生了较深的影响。

3. 东亭有"道士村"一说。鉴于当地正一派道士有家传之风气，"阿炳三岁时，六十四代（应该是六十一代，见《道教音乐传人——民间音乐家华彦钧》第205页褚洪深《张天师赐名'彦钧'考疑》）张天师来无锡巡视，应华清和的请求为他起了一个道名华彦钧"③。所以华清和让阿炳承袭其衣钵是极为顺理成章的事。

二、习 道

时间：1900—约1911年（8—约18虚岁）
生活地点：无锡崇安寺洞虚宫三清道院雷尊殿
相关资料：

---

① 杨荫浏，曹安和，储师竹合编：《瞎子阿炳曲集》，上海：万叶书店，1952年。
② 黎松寿：《江南民间艺人小传——瞎子啊炳》，《晓报》，1951年5月12日连载。
③ 据阿炳的堂嫂毛氏和侄女华绢芬回忆。杜亚雄：《阿炳传略》，《中国音乐》（增刊），1981年，第62页。

（一）关于道教正一派

"以符箓、斋醮为特色，奉持《正一经》，兼用《上清经箓》，《灵宝经箓》《三皇经》的正一道派。延续至清代无锡地区，分为西河派与天师派系两字辈。"① 阿炳属天师派。

（二）关于雷尊殿

雷尊殿历史久远，始建于公元536年的无锡东乡胶山青元宫，因年久失修，宋大中祥符三年（1010年）重建于城中大市桥静慧寺左（今图书馆路），改赐额名"洞虚宫"。明代就建有"三清、玉皇、雷尊等八殿，其间朝廷更替，战祸频乱，至清同治三年（1864年）又重建灵官、火神、雷尊、祖师等殿，其时雷尊殿一和山房主持（当家）为华清和——华彦钧，火神殿贞白山房主持顾秋庭——华秉钧（阿炳堂兄）。②

（三）道徒习艺

1. 无锡正一派道士素以吹、拉、弹、打、念为做法事的基本技能，小道士要从敲翁钹（铙钹）、骨子（小钹）开始。③

2. 华清和号雪梅，是无锡东亭人，音乐很好，中国乐器样样都奏得不错，阿炳从童年起，就从他的父亲学习音乐技术，后来凡遇到他所喜欢的曲调，不管谁会演奏，他都竭力设法去学，结果，本地流行的乐器，他几乎样样都会，而且都奏得相当的好。④

3. 无锡正一派道士以家传居多，男孩一般在8岁左右进道观习

---

① 钱铁民，马珍媛：《无锡道教科仪音乐研究》（上），北京：文化艺术出版社，2017年，第5页。

② 钱铁民，马珍媛：《无锡道教科仪音乐研究》（上），北京：文化艺术出版社，2017年，第8页。

③ 钱铁民：《阿炳与道教》，《中国音乐学》1994年第4期。

④ 杨荫浏：《阿炳小传》，文化部文学艺术研究院音乐研究所编：《阿炳曲集：简谱版》，北京：人民音乐出版社，2003年，第1页。

艺。阿炳也是8岁由华清和接回地处无锡城里崇安寺东面的洞虚宫三清道观雷尊殿。"阿炳8岁开始跟从父亲学习鼓、笛、二胡、琵琶等乐器。"①

4. "他音乐修养最初重要的基础，是出于道家音乐，而且是出于家传。"②

5. "华清和尤精琵琶，素有'铁手琵琶'之美称，他还于无锡城里以清唱昆曲自娱，与颇具名声的'天韵社'交往密切。"③

6. "阿炳挂着秤砣学吹竹笛，手持铁筷子击方砖，苦练击鼓技艺，练习拉二胡，指尖经常磨出血。"④

7. 每年农历九月十三至十五日，在新城隍庙举行祈祷国安民丰圣会大忏三天，阿炳经常和他们一起演奏，在名师的热情指点下，阿炳的技艺日趋成熟了。⑤

8. 无锡正一派道士除了要会多样乐器，还需颂经拜忏、书写疏文、勾画符箓。所以华清和在阿炳进道观后，送其上过三年私塾。⑥

几点推想：

1. 华彦钧学习胡琴、琵琶、竹笛、击鼓，最初的启蒙老师是源自其中国乐器样样精通的父亲华清和。

2. 无锡正一道派固守学习道教音乐的一套旧法，让阿炳自幼就接受过类似戏曲科班的严格训练。

3. 始于明代天启崇祯年间的"天韵社"以唱曲（昆曲）、锣

---

① 无相：《我所知道的华彦钧》，无锡市民族宗教事务局、无锡市史志办公室、无锡市锡惠公园管理处，等编：《道教音乐传人——民间音乐家华彦钧》，《无锡史志》编辑部（内部出版），2006年，第35页。

② 杨荫浏：《阿炳小传》，文化部文学艺术研究院音乐研究所编：《阿炳曲集：简谱版》，北京：人民音乐出版社，2003年，第1页。

③ 杨荫浏：《阿炳技艺的渊源》，文化部文学艺术研究院音乐研究所编：《阿炳曲集：简谱版》，北京：人民音乐出版社，2003年，第9页。

④ 钱铁民：《阿炳与道教》，《中国音乐学》，1994年第4期。

⑤ 钱铁民：《阿炳与道教》，《中国音乐学》，1994年第4期。

⑥ 1991年，据水濂道院当家伍一鸣道长回忆。

鼓、丝竹闻名于世，华清和与之过从甚密的交往，拓宽了阿炳的音乐视野。

4. 三年私塾与正一道派的经咒、疏文、符箓等让阿炳具有了一定的文化水准。

5. 阿炳习道期间是苏南正一道派道乐发展的鼎盛时期，早期无锡地界上涌现出如"南万和堂""北万和堂"这样有一定影响的道乐班社，同时也出现了"五个挡""八兄弟"这样的道乐高手，这些对于阿炳的道艺成长会产生一定的影响。

三、从　道

时间：1911—约1930年（18—约37虚岁）

生活地点：无锡崇安寺洞虚宫三清道院雷尊殿

相关资料：

1. "'他18岁的时侯（1911年）已被道教音乐界所公认为技艺杰出的人才'（我当时曾向道院中去找音乐教师，阿炳为十余位道教音乐人所公推为技艺最好的人物）。"①

2. 阿炳从小受父亲教导，更兼天性所近，极自然地在他十七八岁左右时，已经在道士群中成了有名的乐师。在华清和晚年时，阿炳承接了他父亲的衣钵，做起一和山房的当家来了。他曾登过台，还请过将，作过法，活龙活现地画过符咒等勾当。②

3. 1924年华清和与火神殿当家顾秋庭共立《拨付依据》③。据火神殿客师尤武忠回忆："一年一度的香讯，香客们留下来的锡箔

---

① 杨荫浏：《阿炳技艺的渊源》，文化部文学艺术研究院音乐研究所编：《阿炳曲集：简谱版》，北京：人民音乐出版社，2003年，第9页。
② 黎松寿：《江南民间艺人小传——瞎子阿炳》，《晓报》，1951年5月12日连载。
③ 见本书第17页。

灰、香烛、香钱是雷尊殿的一笔好收入，一般可供当家主持吃用两年。"①

4．"雷尊殿崇安寺住持阿炳，常住院者一人，有屋三间。"②

5．华清和去世后，阿炳继承父业，成了雷尊殿的当家道士，作为主持道院忏务的当家人，"客师还要观其眼色行事，小心翼翼伺侯"③。

6．阿炳双目失明后，靠道业的收入已经无法过日子了，所以才被迫走上街头卖艺，但是阿炳时逢每年的雷斋素，他还是以当家道士的身份收取香火钱的，他从来就没离开过雷尊殿。④

7．1948年9月27日，无锡《人报》刊载的一篇署名徐叔豪的《瞎子阿炳巧断黑箱冤魂》的文章，从该文结尾也可以看出阿炳一直在道观，文中谈了阿炳与董催弟"在困苦中共生活……是一对患难伴侣了，现在阿炳在雷尊殿里值年当家，生活虽安定，谈不上写意二个字"。

8．1950年11月7日，在阿炳去世前不到一个月，向江苏省苏南人民行政公署税务局缴纳字第8058号的《地价税缴款书》⑤，上缴住址：图书馆路32号（雷尊殿），税款壹拾壹万玖千肆佰陆拾元（旧币）的凭据。由此可见，阿炳从来没有离开过雷尊殿。

几点推想：

1．阿炳年轻时就以出色的鼓乐技艺，扬名于无锡道教界，而华清和在无锡正一派道士中的威望和影响，更为从道后的阿炳铺就了一条自立于无锡道院，且能良好发展的道路。

2．每年六月雷斋素四乡香客进观供奉雷公、雷母，按《拨付

---

① 钱铁民：《关于阿炳》（上），《北市国乐》，2003年第191期，第13页。
② 民国十九年（1930年）《无锡年鉴》，无锡市图书馆藏书。
③ 据无锡正一派道长王士贤回忆。钱铁民：《关于阿炳》（上），《北市国乐》，2003年191期，第13页。
④ 据尤武忠和华伯阳遗孀毛氏口述。
⑤ 见本书第17页。

依据》中之"挨年论值之"规定的香火收入,加上平时信众外请做法事,当家可以从客师或外邀客师头上收利,华清和与阿炳完全可以过上吃用不愁的生活。"阿炳年轻时长得很壮实,块头也很大。"①

3. 阿炳没有离开过雷尊殿,即便双目失明后,还是"值年当家"主持道业,收取香讯。

四、卖 艺

时间:约 1930—1948 年(约 37—55 岁)
生活地点:无锡崇安寺洞虚宫三清道院雷尊殿
相关资料:

(一)杨荫浏、曹安和、黎松寿、钱锦树等关于阿炳卖艺的记述

1. 他 30 岁左右,便只能离开了道门,开始以卖唱为生。②

2. 在他当道士的时侯,由于经常和吹鼓手一起参加演奏,因而被排挤出道士的行列,变成了吹鼓手。他当吹鼓手的时侯又因为常常在街头为群众演奏,而被排挤出吹鼓手的行列。就这样,他成了一名流浪街头的民间艺人。③

3. 他染上了吸鸦片的嗜好,没多久,房子便抵押了出去,还是不行,最后他不得不身背琵琶,手拿二胡,叫一个人扶着他走向街头卖艺,那时他已经 33 岁了。④

4. 阿炳卖艺有一本折子供客人点曲,折子正反面曲目的价格是

---

① 据无锡画家朱宗之回忆。
② 杨荫浏:《阿炳技艺的渊源》,文化部文学艺术研究院音乐研究所编《阿炳曲集:简谱版》,北京:人民音乐出版社,2003 年,第 1 页。
③ 曹安和:《回忆民间音乐家阿炳》,原载《民族器乐广播讲座》,北京:人民音乐出版社,1981 年 8 月。
④ 黎松寿:《江南民间艺人小传——瞎子阿炳》,《晓报》,1951 年 5 月 12 日连载。

不一样的,反面的曲目难度大,其中不乏还有荤段子,价格相对会高些。① 钱锦树先生也在他撰写的《阿炳卖艺情景追忆》一文中说:"有次在崇安寺看阿炳表演,好象有位有钱的听众来了,阿炳同他寒喧了几句就掏出折子,请对方选点,挂下来有一米左右长,我瞄了一下,是背面的荤段子,有十八摸、小寡妇上坟等,记得很清,错不了。"②

(二)无锡旧报(1948 年前)有 5 篇关于阿炳卖艺的报道

以下是从旧报中查到的有关阿炳卖艺的资料。(也许尚有没有查到的)

1. 作者佚名,《瞎子阿炳素描》一文中讲到,阿炳"二目盲焉,抬脚不便,街头卖艺。"[《新锡日报》民国二十七年(1938 年)7 月 10 日第 4 版]

2. 作者不详,《街头艺人瞎子阿炳》一文中讲到阿炳:"他承继遗产遗业,然违背着清静道德,纵使道业败落,幸好弹得好琵琶,拉得好胡琴。"[《新锡日报》1939 年 2 月 2 日(上)、2 月 3 日(下)]

3. 作者陆墟,《街头艺人阿炳》一文在 80 句的五言长诗中说,阿炳"鹑衣成百结,艺人沿街乞。"(《锡报》1947 年 4 月 11 日刊载)

4. 作者幽苓,《盲者》一文中说:"瞎子阿炳来了!大宝娘……来听啊……把昨夜的继续讲下去吧!仅仅一分钟,小小的院子里已围上了好几十个人……听众们站着不动,他吩咐老太婆收钱了。"(《人报》1948 年 4 月 27 日刊载)

5. 作者徐叔豪,《瞎子阿炳巧断黑箱冤魂》一文中说:"这瞎

---

① 费达:《我所了解的阿炳》,无锡市民族宗教事务局、无锡市史志办公室、无锡市锡惠公园管理处,等编:《道教音乐传人——民间音乐家华彦钧》,《无锡史志》编辑部(内部出版),2006 年,第 43 页。

② 钱锦树:《阿炳卖艺情景追忆》,《无锡日报》,2014 年 7 月 11 日第 7 版(发表时有删节)。

子是谁？就是大家要听他拉唱的道士阿炳。"(《人报》1948年9月27号刊载)

几点推想：

推算阿炳的卖艺时间，应该有如下几方面的分析：

1. 依据雷尊殿与火神殿1924年所立《拨付依据》，签署人分别为华清和、顾秋庭。说明当时雷尊殿仍由其父当家，阿炳时年31岁，尚未完全失明，道观业务正常。

2. 华清和何时离世，目前没有一个明确的说法，从1924年订立的《拨付依据》中有华清和的亲笔签名来看，华清和的离世时间应该在1924年至1930年之间，再据民国十九年（1930年）《无锡年鉴》中记载的"住持阿炳，常住院者一人，有屋三间"，可以知晓华清和离世后，阿炳才承接了道观，主持道业。

3. 据老道长们回忆，"当上主持的阿炳其心思，根本不在守业上，而是染上吸毒、嫖娼之恶习"①。

4. 阿炳双目先后失明，已经无法承接道院的正常业务，便开始一件件变卖雷尊殿的法器②，待道产败光了，连吃饭都无着才被迫走上街头。

5. 从老道长谢濂山、徐英根习道的回忆文章③中能推算出阿炳上街卖艺的时间应该在1930年前后。

关于阿炳双目失明的年龄，杨荫浏先生在《阿炳小传》中说："他二十六七岁的时侯，瞎了一只眼睛……他35岁时（1928）又瞎了一只眼"④。

---

① 据笔者1991年组织编写《无锡道教音乐集成》时，道士伍一鸣、伍鼎初回忆。
② 据笔者1992年组织编写《无锡道教音乐集成》时，道士王士贤、谢濂山回忆。
③ 无锡市民族宗教事务局、无锡市史志办公室、无锡市锡惠公园管理处，等编：《道教音乐传人——民间音乐家华彦钧》，《无锡史志》编辑部（内部出版），2006年，第41、54页。
④ 杨荫浏：《阿炳技艺的渊源》，文化部文学艺术研究院音乐研究所编：《阿炳曲集：简谱版》，北京：人民音乐出版社，2003年，第1页。

6．按通常的推理来分析，双目失明才逼迫阿炳卖艺糊口，而卖艺要在无锡城里产生一定的影响，以至被市民称为"一怪"，那必须要有一个相当长的过程，从目前看到称阿炳为"一怪"的最早报道是1938年，阿炳时年已经是45岁了。

7．1948年4月27日，《人报》发表署名幽苓的短文《盲者》是目前能够查到阿炳卖艺最晚的报道，从而也印证了1950年杨荫浏给阿炳录音时，阿炳对杨荫浏先生说的"已经荒疏两年了"的话。

8．关于阿炳染上吸毒、嫖娼之恶习，拿现在的话来说，管好自身当然是关键，然而社会环境的诱惑，对他的影响是非常大的。从盖绍周编著的《无锡轶事》一书中可以看到，20世纪30年代，吸毒、嫖娼在无锡泛滥成灾，雷尊殿举步之遥的"观前街、凤仪桥、盛巷内，隔不上三五户就是一家，烟雾弥漫，香腾十里私娼遍地"①。

五、录　音

时间：1950年9月2日—约1950年9月4日，57虚岁

录音地点：1950年9月2日无锡城中公园旁三圣阁（二胡曲录音）；1950年9月4日无锡市盛巷28号曹安和家二楼（琵琶曲录音）

相关资料：

（一）关于录音

1．关于华彦钧善奏二胡一事。杨先生在他给我的亲笔信中说："1949年春节，南京初解放，黎松寿先生告诉我的，1950年我去无锡录音的计划就是：一、录阿炳的演奏；二、依梅兰芳先生的建

---

① 盖绍周：《无锡轶事》，扬州：广陵书社，2006年，第238页。

议，录天韵社伴奏昆曲时板鼓；三、录'梵音'。录阿炳的音，原在计划中，并不是听了黎松寿的建议而临时决定的。"①

2．"九月二日晚上，我们正式为瞎子阿炳的二胡录音，地点是公园旁三圣阁的大殿……第一支曲子是他生平得意之作《二泉映月》，接着演奏《寒春风曲》《听松》。"②

3．"录音是有两次，前后相隔数天，第一次录二胡在三圣阁，是黎松寿岳父在佛教会做事的曹培灵提出来的，原因是三圣阁离阿炳家近。第二次录琵琶是下午，隔天前就在曹安和盛巷的家里说好的，那里离雷尊殿也很近，录音时外面下雨。"③

4．"1950年，杨荫浏、曹安和暑期回家乡为阿炳录音之事。没有胡琴，国乐会的钱世辰、祝世匡、黄宏若三人就从中兴乐器店华炳康（三胖）老板那里借了一把竹筒胡琴给阿炳。"④

5．"先生让我看他的一把红木琵琶，说这是他的导师曹安和送给他的，这把琵琶就是当年曹先生借给阿炳录音的琴。"⑤

（二）录音前后阿炳的自我感受

1．录音之前，"我们（杨荫浏、曹安和）虽然准备用较多的时间向他进行说服，但在短短的谈话之后，他非但一说就通，而且还欣然表示从此将继续努力，多多练习"⑥。

2．阿炳说："我不奏音乐，已经两年了，我的技术荒疏了，我的乐器也都破坏得一件都不能用了。"⑦

---

① 蒋宪基：《杨荫浏与华彦钧的关系》，无锡市民族宗教事务局、无锡市史志办公室、无锡市锡惠公园管理处，等编：《道教音乐传人——民间音乐家华彦钧》，《无锡史志》编辑部（内部出版），2006年，第195页。
② 黎松寿：《江南民间艺人小传——瞎子阿炳》，《晓报》，1951年5月12日连载。
③ 见本书第11页。
④ 见本书第43页。
⑤ 见本书第8页。
⑥ 杨荫浏：《阿炳小传》，文化部文学艺术研究院音乐研究所编：《阿炳曲集：简谱版》，北京：人民音乐出版社，2003年，第3页。
⑦ 杨荫浏：《阿炳小传》，文化部文学艺术研究院音乐研究所编：《阿炳曲集：简谱版》，北京：人民音乐出版社，2003年，第3页。

3．阿炳还说："我荒疏得太久了，让我练上三天，再演奏吧！"①

4．在录音之后，阿炳对杨荫浏说："我荒疏太久了，两只手不听我的话，奏得太坏了，我自己听着，不大顺耳。"②

5．"当时我们和他约定，在1950年寒假中或1951年暑假中再去录音。"③

（三）阿炳本人对所录作品的解释

1．《二泉映月》："这曲原来是道家的唢呐曲"。④

2．《寒春风曲》："这是道家失传了的《梵音》曲调。"⑤

3．《听松》："也把它同岳飞与金兀术战争的故事联系起来"。⑥

4．《大浪淘沙》："这曲原是道家的《梵音》合奏曲牌"。⑦

5．《昭君出塞》："原来是琵琶曲，是华雪梅教给他的"。⑧

6．《龙船》：据杨荫浏说，可能是他听了弹词说唱艺人们所弹而自己逐渐加以改进的。

---

① 杨荫浏：《阿炳小传》，文化部文学艺术研究院音乐研究所编：《阿炳曲集：简谱版》，北京：人民音乐出版社，2003年，第3页。
② 杨荫浏：《阿炳小传》，文化部文学艺术研究院音乐研究所编：《阿炳曲集：简谱版》，北京：人民音乐出版社，2003年，第3页。
③ 杨荫浏：《阿炳小传》，文化部文学艺术研究院音乐研究所编：《阿炳曲集：简谱版》，北京：人民音乐出版社，2003年，第3页。
④ 杨荫浏：《乐曲说明》，文化部文学艺术研究院音乐研究所编：《阿炳曲集：简谱版》，北京：人民音乐出版社，2003年，第10页。
⑤ 杨荫浏：《乐曲说明》，文化部文学艺术研究院音乐研究所编：《阿炳曲集：简谱版》，北京：人民音乐出版社，2003年，第4—9页。
⑥ 杨荫浏：《乐曲说明》，文化部文学艺术研究院音乐研究所编：《阿炳曲集：简谱版》，北京：人民音乐出版社，2003年，第4—9页。
⑦ 杨荫浏：《乐曲说明》，文化部文学艺术研究院音乐研究所编：《阿炳曲集：简谱版》，北京：人民音乐出版社，2003年，第4—9页。
⑧ 杨荫浏：《乐曲说明》，文化部文学艺术研究院音乐研究所编：《阿炳曲集：简谱版》，北京：人民音乐出版社，2003年，第4—9页。

（四）从目前能查到的相关资料和知情人回忆中，提及阿炳演奏过的曲目名称

- 杨荫浏（音乐学家）：

《三六》《四合》《将军令》《三潭印月》；

- 陆墟（作家）：

《眉（梅）梢月》《闹龙船》《霸王解甲》《春雷》①；

- 佚名：

《到春来》《小桃红》②；

- 徐英根（道士）：

《叹苦经》《十番锣鼓》③；

- 费达（记者）：

《无锡景》④；

- 无相（无锡灵山祥符寺主持）：

听到《二泉映月》《大浪淘沙》的曲子（曲名是后知的)⑤；

- 尤武忠（道士）：

《十八拍》，弹得最多的是《龙船》《昭君出塞》，拉得最多

---

① 见本书第 51 页。
② 无锡市民族宗教事务局、无锡市史志办公室、无锡市锡惠公园管理处，等编：《道教音乐传人——民间音乐家华彦钧》，《无锡史志》编辑部（内部出版），2006 年，第 227 页。
③ 无锡市民族宗教事务局、无锡市史志办公室、无锡市锡惠公园管理处，等编：《道教音乐传人——民间音乐家华彦钧》，《无锡史志》编辑部（内部出版），2006 年，第 55 页。
④ 无锡市民族宗教事务局、无锡市史志办公室、无锡市锡惠公园管理处，等编：《道教音乐传人——民间音乐家华彦钧》，《无锡史志》编辑部（内部出版），2006 年，第 43 页。
⑤ 无锡市民族宗教事务局、无锡市史志办公室、无锡市锡惠公园管理处，等编：《道教音乐传人——民间音乐家华彦钧》，《无锡史志》编辑部（内部出版），2006 年，第 36 页。

是《二泉映月》（曲名是后知的）①；

- 谢濂山（道士）：

《依心曲》《自来唱》《二泉映月》（曲名是后知的）②；

- 华钰麟（记者）：

《春天里》《三鲜汤》《春江花月夜》《梅花三弄》《昭君怨》《小桃红》《雨打芭蕉》《十面埋伏》《龙舟》③；

- 阿卿（无锡老人）

《何日君再来》《滩簧》、京戏《四郎探母》④；

《听松》《寒春风曲》这两首没有人提起。

（五）关于阿炳的墓葬

1. 阿炳1950年12月12日去世，葬在城西灿山明阳观东"一和山房"墓地⑤。

2. 1953年，由中国艺术研究院音乐研究所与无锡市文化艺术联合会为华彦钧立墓碑，1966年秋墓地被毁。⑥

---

① 无锡市民族宗教事务局、无锡市史志办公室、无锡市锡惠公园管理处，等编：《道教音乐传人——民间音乐家华彦钧》，《无锡史志》编辑部（内部出版），2006年，第38页。

② 无锡市民族宗教事务局、无锡市史志办公室、无锡市锡惠公园管理处，等编：《道教音乐传人——民间音乐家华彦钧》，《无锡史志》编辑部（内部出版），2006年，第41页。

③ 无锡市民族宗教事务局、无锡市史志办公室、无锡市锡惠公园管理处，等编：《道教音乐传人——民间音乐家华彦钧》，《无锡史志》编辑部（内部出版），2006年，第186页。

④ 无锡市民族宗教事务局、无锡市史志办公室、无锡市锡惠公园管理处，等编：《道教音乐传人——民间音乐家华彦钧》，《无锡史志》编辑部（内部出版），2006年，第53页。

⑤ 无锡市民族宗教事务局、无锡市史志办公室、无锡市锡惠公园管理处，等编：《道教音乐传人——民间音乐家华彦钧》，《无锡史志》编辑部（内部出版），2006年，第113页。

⑥ 沙无垢：《华彦钧墓迁葬墓设计》，无锡市民族宗教事务局、无锡市史志办公室、无锡市锡惠公园管理处，等编：《道教音乐传人——民间音乐家华彦钧》，《无锡史志》编辑部（内部出版），2006年，第113页。

3. 1979 年，无锡市博物馆寻找到阿炳原墓废址并拾骨。①
4. 1983 年，在无锡惠山头茅峰东麓重建墓地。②

几点推想：

1. 关于阿炳六首作品成曲时间的推算是一件很困难的事。作为民间艺人，他的作品即使问及本人，他也未必能比较清楚地说明白，更何况录音后杨荫浏、曹安和两位先生只是问了该曲"原来是哪里的"，而阿炳的回答很是含糊，也许是这，也许是那，这样的回答是很正常的。在阿炳心里，从来没有自己会作曲的概念，甚至他也不清楚作曲究竟是怎么一回事。他自幼学的道家梵音、锣鼓是老辈传下来的，有《钧天妙乐》抄本和《锣鼓谱》等，腔口、经赞是看着文本或跟随父辈唱会的（腔口一般没有工尺谱），或是从老法师那里随口顺腔学会的，拉的三六、行街、滩簧、粤曲、京戏都是日常与别人交往时，或是在酒楼、茶馆、曲社里听会后，自己"随手瞎拉瞎弹的"。阿炳双目失明前，抄录《醉仙戏》《雁儿落》《翠凤毛》《十八拍》《十八六四二》《吓西风》等梵音、锣鼓工尺谱肯定会有，那是要靠此来做道场、接生意糊口活命的（道士初学梵音、锣鼓曲时会念谱，平时做法事从来不看谱视奏）。但是他从来不会将自己信手拉、信手弹或是信口唱的、觉得好听的曲调有意识的记录下来，对于他这样的一个道士毫无意义。

2. 近代卓越的民族音乐家刘天华，他可以一晚上边拉边记，顷刻完成《除夜小唱》；也可以把始作于1918 年的《空山鸟语》近十年后于1927 年才定稿。阿炳不可能一夜拉出一首新曲，他可能没有这样的本事。但是他目前传下来的六首作品，肯定是经过了多少

---

① 钱宗奎：《民间音乐家华彦钧墓迁建纪实》，无锡市民族宗教事务局、无锡市史志办公室、无锡市锡惠公园管理处，等编：《道教音乐传人——民间音乐家华彦钧》，《无锡史志》编辑部（内部出版），2006 年，第 133 页。

② 沙无垢：《华彦钧墓迁葬墓设计》，无锡市民族宗教事务局、无锡市史志办公室、无锡市锡惠公园管理处，等编：《道教音乐传人——民间音乐家华彦钧》，《无锡史志》编辑部（内部出版），2006 年，第 113 页。

个寒暑、多少个日夜、多少次走街串巷、多少遍演奏，甚至是为了迎合听众的口味、惠谢听众的捧场、得到听客一点赏钱，从他心里含泪含血流淌出来的。他愤闷于自己所过的苦难日子，憧憬过美好的风华岁月。

3. 探究阿炳六首传世作品的成曲时间，也许是一个永远的谜。阿炳自己谈及曲子的由来曾说，有华雪梅所传的，也有从道家、僧家或说书艺人处学来的，倘若《昭君出塞》确实为其父所传，那么统看这六首乐曲的成曲时间段，则会更早些。从目前能查到其他一些相关资料来分析，结合其生活的境遇，还是可以大致推算出一个端倪。

这里要明确四点：

（1）阿炳在十七八岁到31岁左右（1911—1924年）的年龄段，以从道为业，其父尚在，生活稳定。虽然有机会接触其他民间乐曲，但是他只是喜欢，尚不能融合成"自度曲"。

（2）32—37岁前后（1925—1930年），道院主持阿炳一人有屋三间，说明华清和已经去世，雷尊殿由阿炳在操守道业。也就是在这个时间段，阿炳已经患上眼疾。随着双目先后失明，道院逐渐败落，入不敷出，以至于连柴米油盐都没有着落，才靠"一手好胡琴、琵琶、一张巧嘴"被逼走上了街头。

（3）对于阿炳上街卖艺，节目折子反面的曲目，阿炳说"那是要有功夫的"，这说明他自认为那些曲子是他花大功夫学会的，不同于通常的"大路货"，所以点曲价格高些。

（4）谢濂山（1919年生，13岁进城习道）和徐英根（1917年生，14岁进城习道）两位道长的父亲谢桂初和徐庭富都是道士，同是阿炳的好朋友，原来就经常与阿炳一起做法事。根据他俩的回忆，他们习道时，看到阿炳（尊称其为"公"）眼睛已经瞎了，但还是时而会到南方泉、雪浪、板桥（无锡近郊的乡镇）等地做道场，去水濂道院白相（无锡方言，玩），与客师同室奏乐。此时的阿炳也已经"立在凳子上在崇安寺卖唱了"，其时应该是1931—

1932年之间（阿炳三十七八岁）。

4. 目前能查阅到关于阿炳为"锡城一怪"的报道最早见于1938年，那时阿炳已经45岁了。按通常的推理，一个卖艺的叫花子要在无锡城里有一定影响，没有几年功夫是绝对不可能的。若从他三十五六岁断断续续开始上街卖艺，到45岁那也已经有近十年的卖艺史了，成为"锡城一怪"是可信的。那么，他所传世的乐曲可能也就起始于这一时期，没有明确的记载，更不可能排出乐曲具体创作时间的先后了。

20世纪20—40年代，无锡工商业繁荣，米市、布码头、面粉业影响遍及全国，滩簧、粤曲、评弹、道乐、丝竹、说因果盛行，喇叭队（军乐）也出现了，这些丰富多样的市俗流行音乐与民间文化，以及艰深的正一派道教音乐对阿炳的影响是很大的。

这里不仿摘录一段目前发现的最早在报纸上介绍阿炳的短文，《新锡日报》民国二十七年（1938年）7月10日第4版，作者佚名的《瞎子阿炳素描》一文中讲到：阿炳"一曲琵琶，钩拨挑摘杂以郑声，动人魂魄，大弦如急雨，小弦如私语……"，"胡琴独奏，更觉神乎其技，志在欣悦，听者欢舞，志在抑郁，听者悲戚，或有久别故乡，作客异域者，闻其凄婉之琴声，潸焉涕出，愁肠欲断也"。通过这两段描述我们可以感悟到，虽然文中没有具体的曲名，但是明显体味出琵琶曲《龙船》《大浪淘沙》和胡琴曲《二泉映月》《听松》等曲意，且阿炳已经演奏得相当完整，竟能让路人都产生翩翩联想，并体会出乐曲精美的神韵。那么其成曲时间起码应该再推前近六至九年，也就是说阿炳传世的六首作品，其成曲的时间大约在1929—1937年前后（或者更后些，也可能至1948年他病重不再出门卖艺这段时间之内）。

有些阿炳年谱研究者把阿炳的作品定于某年某岁，如1913年20岁的阿炳创作二胡曲《太湖烟波》，1914年21岁时创作出《二泉映月》雏形，原名《惠山二泉》，1916年23岁时创作了《龙船》。① 有的研究者把阿炳的作品与时代的大形势联系起来，如1939—1942年，阿炳卖艺时，编讲《惠山听松》的民间传说，歌颂岳飞大败金兀术的英雄业绩，寄托他盼望抗日胜利的信念，并以此为题材创作演奏了充满爱国热情的二胡曲《听松》。② 对于上述的一些分析方法，笔者觉得，鉴于目前尚未发现较为确切的资料，能够说明阿炳六首传世作品创作的具体年份、作品的标题，或是作品表达的内容（阿炳自己从来没有认为这是他自己创作的作品），并将他的作品与时代变化的形势紧密结合起来。尽管在评述中国传统诗词时有论世知人之说，然而放到阿炳身上，以此来推算和联想其作品的创作缘由和思想情感是欠妥的。阿炳正直、刚毅、不畏强权的个性在他的作品中无处不在，毕竟他是一个笃信正一派道教的道士，除了习道从道，后来吸毒嫖娼等恶习败坏了他的道业，伤害了他的身体，但是从诸多的同期道士和近邻的反映中，还是可以得知阿炳的为人和待人接物、做事等方面还是认真、和气、善良、公道的。

20世纪80—90年代末，笔者曾经结识过八九位与阿炳有过交往、时年70岁左右的无锡正一派道士，他们都为人正直、善良、勤奋、谦和、敬业，很是受人尊敬，他们看不起"公"（阿炳）的恶习，但是他们十分敬重"公"的道艺和为人，他不求人施舍，哪怕身无分文，也靠自己卖艺活命。所以，我们不能用当代的思想观念、政治觉悟和世界观等来要求他。阿炳败落之后，靠卖艺糊口，他荤素都唱，黑白都说，唯一的要求就是有口饭吃，生意好时能喝上几口小酒，抽上几根香烟，吸上一点鸦片。他是丢下自己"先

---

① 徐诚一编著：《行走阿炳——阿炳音乐研究与感悟》，北京：中国纺织出版社，2015年，第561页。

② 许墨林：《华彦钧（阿炳）年谱（摘要）》，无锡市民族宗教事务局、无锡市史志办公室、无锡市锡惠公园管理处，等编：《道教音乐传人——民间音乐家华彦钧》，《无锡史志》编辑部（内部出版），2006年，第236页。

生""当家"的道士身份,堕落到社会最底层。敌伪时期,他晚上卖艺回城,凡遇城门紧闭时,也常常拉奏《洋先生开门》①。败落的他,知道自己琴上功夫比别人好,而且不是好一点点,他"奏艺时,俯首侧耳,皆为特志"②的神态,是想以此来表达他内心深处最渴求人们对他"功夫和神韵"的赏识,所以当他的好友、他心中的大音乐家杨荫浏、曹安和先生要给他录音时,阿炳喜悦和激动的心情是完全可以理解的,他并不知道自己的生命之烛即将熄灭,还期盼着来年再请杨荫浏先生给他录音。

听过阿炳二胡、琵琶演奏录音原声的人,感触最深或者说最震撼的是阿炳在琴艺上非凡的功夫!在他患病多年、不奏音乐两年之后,仅仅练习了三天,用廉价的竹筒胡琴(还是新琴)和一把借来的琵琶,每首曲子的录音都是一遍成功。他留下的六首传世佳作,从演奏技艺、音准、节奏、强弱处理、气息控制、音色变换、运弓、指力、弹轮来看,阿炳的技巧是何等出神入化,无与伦比!这不就是他终身追求的神韵和功夫吗?

综上所述,对于阿炳传世的六首作品,其作者和创作时间,著名作曲家吴祖强在《原曲作者及乐曲标题浅释》一文中有一段话摘录如下:"杨荫浏先生说,录下的这些乐曲来源和作者均不详,阿炳自称是'传谱'。为此杨先生曾多方调查、探询、考证、研讨,却始终无法明确乐曲根源。最后较多的意见倾向于:阿炳作为一个流浪街头的民间艺人,拉着二胡走街串巷'即兴'演奏,不存在专业音乐人惯有的'创作'概念是完全不足为奇的,他所说的'传谱'显然既包含师承,也包含了长年累月'即兴'弹奏中自己的实际创作过程,无法寻得其他清晰源头,理所当然应可认为这也便是他自己的作品了。"③

---

① 据1990年老道长谢濂山在《道教音乐集成》采风时回忆。
② 佚名:《瞎子阿炳素描》,《新锡日报》,1938年7月10日第4版。
③ 吴祖强:《原曲作者及乐曲标题浅绎》,《礼乐无锡》,凤凰出版传媒集团,江苏文艺出版社,第351页。

作为一个道士，一个民间艺人，尽管阿炳在解释这六首作品时，有的是道家所传，有的是僧人所授，有的是随说书人所学，然而一到他手里都会改变原样。他以极其卓越的音乐灵性、人生感悟、非凡的技艺无数遍地演绎，让这些作品真正活起来，最终成为经典。综看阿炳的作品有以下六个特征：

（1）即兴。如乐曲的篇幅，包括乐句、乐段可长可短，段落引申连接可续可跳。晚上卖艺行走回家，6分30秒的《二泉映月》路近则拉短，路远则拉长。倘若当时杨荫浏再录一遍，时长不可能还是6分30秒。曲调的走向或高或低，兴致所至时则可以随兴而变。著名无锡籍音乐学家钱仁康先生曾说过："阿炳的作品是即兴创作，即兴演奏的。"①

（2）依心。任凭自己的感觉，依从自己的心意，怎么称心、怎么好听、怎么顺畅、怎么有兴致，或者依从听众的喜好，想怎么奏就怎么奏。场子里人多了，众人兴致高涨，他就可以背起琵琶来个反弹，举手齐眉，作远眺状并高喊："看哪，一条龙船来了！"

（3）随心。在一个较为完整的结构框架内自己随心所欲，乐句长短、节奏快慢、段落相接、指法运用等可以随心而变，但是这样的变化，在阿炳数十年的卖艺生涯中，变得越来越得体，运用得越来越娴熟，越来越顺理成章。他高超的技艺和演奏能力，超出了人们的想象，他居然能在一根老弦上奏出京剧《四郎探母》中的男女对唱，而且还具有京胡和锣鼓伴奏的音响效果。②

（4）顺境。顺境是指阿炳的卖艺环境。阿炳卖艺无固定舞台，顺其环境选择坐奏、站奏、行奏、堂奏、场奏，因演奏环境不同，练就了他的顺境，也练就了因人而奏的本事。"只要小朋友前来，

---

① 钱仁康：《阿炳的艺术成就从何而来》，无锡市民族宗教事务局、无锡市史志办公室、无锡市锡惠公园管理处，等编：《道教音乐传人——民间音乐家华彦钧》，《无锡史志》编辑部（内部出版），2006年，第199页。
② 阿卿：《北塘沿河识阿炳》，无锡市民族宗教事务局、无锡市史志办公室、无锡市锡惠公园管理处，等编：《道教音乐传人——民间音乐家华彦钧》，《无锡史志》编辑部（内部出版），2006年，第53页。

他就会用胡琴模仿公鸡报晓、母鸡生蛋、猫狗打架的叫声。"① 面对"船民或脚夫,摊主等'下里巴人',阿炳为投其所好……用'琴声逗得龇咧着大牙仰天大笑'"②。

（5）顺手。顺手也可解释为称手。演奏阿炳的胡琴曲、琵琶曲，在技法方面有一种明显的感觉，即拉的、弹的都非常顺手，演奏起来特别顺畅。据曾经看到他卖艺的锡城老人说起，即便是他有时在乐器上耍"噱头"也自然而得体。

（6）章法。无锡正一派道乐技法艰深，鼓段多变，讲究的梵音和七、内、同、王结构严密，丝丝相扣，音色多变，而且有成套的粗细锣鼓，这也成就了阿炳演奏单曲、套曲的能力。他当然不懂曲式理论，但是他极为娴熟地掌握了我国民间乐曲结构衔接和散、慢、中、快之传承章法。日常道乐演奏中的"半拆、中拆、双拆"的灵活运用，更让他如虎添翼，将原本平直的旋律，拉弹得生气勃勃、面貌一新，这一切都源自阿炳超乎常人的音乐感悟力。

1950年8月底，阿炳接受了杨荫浏的录音邀请，仅热身练习三天，就录了三首胡琴曲和三首琵琶曲。阿炳是否还有其他拿手的曲子？答案是肯定的。据不少听过、看过阿炳卖艺的无锡人谈及，阿炳会许多曲子。录音后，阿炳自己也肯定地认为他手头尚有一些有"功夫和神韵"的乐曲没有录而有待恢复，所以，他欣然答应杨荫浏先生来年再录音。我们从杨荫浏先生记述给阿炳录音《二泉映月》等曲之后，欣喜之余现场与阿炳合奏《三六》，他为阿炳出神入化的变奏所折服，以至于遗憾带去的钢丝录音带不足，而无法录下《三六》。从这些文字中也可以看出，即便是一首大众广为熟悉的丝竹乐，经阿炳高超的演绎居然会面貌一新，这确实反映了阿炳

---

① 费达：《我所了解的阿炳》，无锡市民族宗教事务局、无锡市史志办公室、无锡市锡惠公园管理处，等编：《道教音乐传人——民间音乐家华彦钧》，《无锡史志》编辑部（内部出版），2006年，第44、53页。

② 费达：《我所了解的阿炳》，无锡市民族宗教事务局、无锡市史志办公室、无锡市锡惠公园管理处，等编：《道教音乐传人——民间音乐家华彦钧》，《无锡史志》编辑部（内部出版），2006年，第44、53页。

高深的演奏技法和超凡的音乐表现能力。

就阿炳所传世的六首作品，如果一定要推算出其各自的具体创作年月、创作背景，鉴于没有确切的旁证资料，应该是办不到的，其考证意义也不大，但是根据目前已知的阿炳人生轨迹，推算出大致的创作年份还是很有必要的，这对于研究他的生平，研究他所传作品的表现内容是非常重要的。为此，笔者推想其作品的成曲时段，诚如前文所估计的，大致在约1929—约1948年（阿炳36或37—55岁之间）。

此外，尽管这六首传世作品各有其法，各有其解，倘若把这六首作品所表现的内容从宏观的视角来观察，其所表现的深刻内涵与阿炳中晚年坎坷、苦难的处境，以及愤闷不平、坚韧不屈、憧憬美好生活的愿望无不相关，也就是在这样的环境里，经长年累月的积累，磨炼成就了阿炳。

阿炳生平简编